Die Tränen von

Aldo Moro

Diana Kennedy

Impressum. « Die Tränen von Aldo Moro » ISBN: 978-1494911171
Text und Zeichnungen: Diana Kennedy. Lektorat: Karan Troubadoura.

INHALT

Vorwort   Seite 3

Wer bist Du?   Seite 5

Die verlorene Sprache   Seite 21

Opferung   Seite 35

Danach   Seite 39

Aldo und John   Seite 53

VORWORT

Im November 2012 erhielt ich die ersten Inspirationen für eine neue White House Tales-Geschichte. In dieser sollte das Schicksal Aldo Moros thematisiert werden.

White House Tales ist eine Uchronie bzw. eine alternative Weltgeschichte. Ein Genre, in dem historische Ereignisse und Persönlichkeiten zeitlich neu "gemischt" werden und Entwicklungen manchmal einen anderen Verlauf nehmen. So wird ein eigener Kosmos erschaffen. Wirklichkeiten und Möglichkeiten werden auf eine Art und Weise vermittelt, wie das mit dem bloßen Nacherzählen der realen Ereignisse nicht möglich wäre.

Als ich mit der dieser Geschichte anfing ahnte ich noch nicht, dass ich mit Aldo Moro schon bald eine kreativ-musische Liebesbeziehung eingehen würde.

Die Recherchen zu seiner Person und den historischen Ereignissen sowie das zeichnerische Üben seines Äußeren vermengten sich zu einem Zauber von grosser Intensität. Etwas Vergleichbares hatte ich zuvor nur mit John F. Kennedy erlebt; dem Hauptprotagonisten der White House Tales.

Zahllose Skizzen, Aquarelle und Federzeichnungen bildeten - und bilden - ein stetig wachsendes Mosaik. Eine geheimnisvolle Welt zwischen Symbolik und Realität, Traum und Wirklichkeit. Und noch immer kommen neue Eindrücke hinzu und nähren das innere Feuer.

Aldo Moro künstlerisch zu erfahren bedeutet, sich seiner bildhaften Sprache hinzugeben. Sich für seine beschreibende Art zu öffnen.

"Eine neue Seele...
Nicht nur, um effizienter zu sein. Auch um tiefer verstehen zu können. Damit wir uns wahrhaftiger einbringen - nicht nur um rascher zu handeln, sondern um eines lebenslangen Engagements willen."

- Aldo Moro -

Ich habe versucht, diese "neue Seele" zu begreifen, mir ihre Sichtweise anzueignen um sie zu verstehen. Um ihn zu verstehen. Dieses Buch zeigt in Aquarell und Tusche festgehaltene Fragmente dieses Verstehens. Vor allem aber der Suche danach.

WER BIST DU?

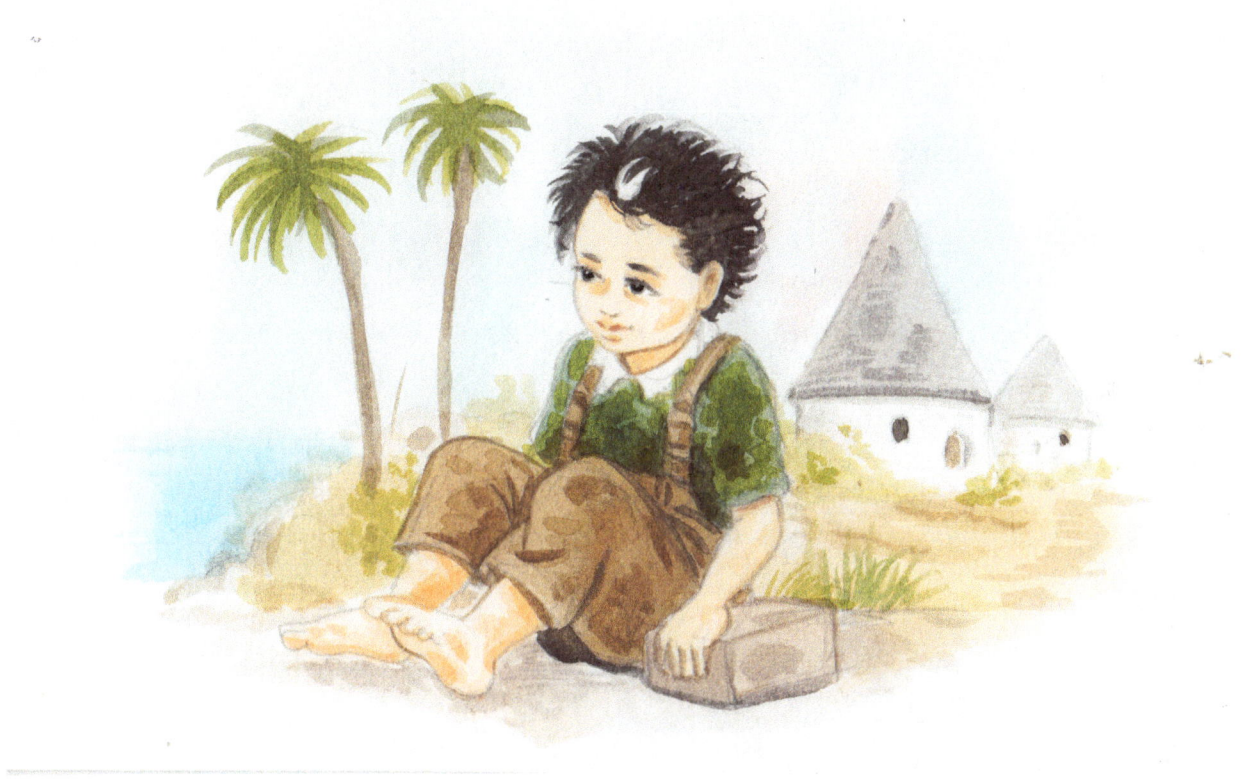

"Aldo Moro stammt aus Maglie (Apulien) dem Land meiner Mutter. Zusammen haben sie dort als Kind gespielt; sie, ihre Schwester Raffaela und Aldo. Der einzig anständige Politiker, den dieses Land vermutlich je hatte."

-Carmelo Bene-

Wer ist da zu mir gekommen, hervorgetreten aus dunklen Schleiern, im rauchigen Nebel einer Novembernacht?

In deiner zarten, leichten Hand liegen die Tränen meiner Kindheit. Tränen des Glücks und der Trauer.

Wie soll ich dich zeichnen? Deine Schönheit entzieht sich meiner Feder.

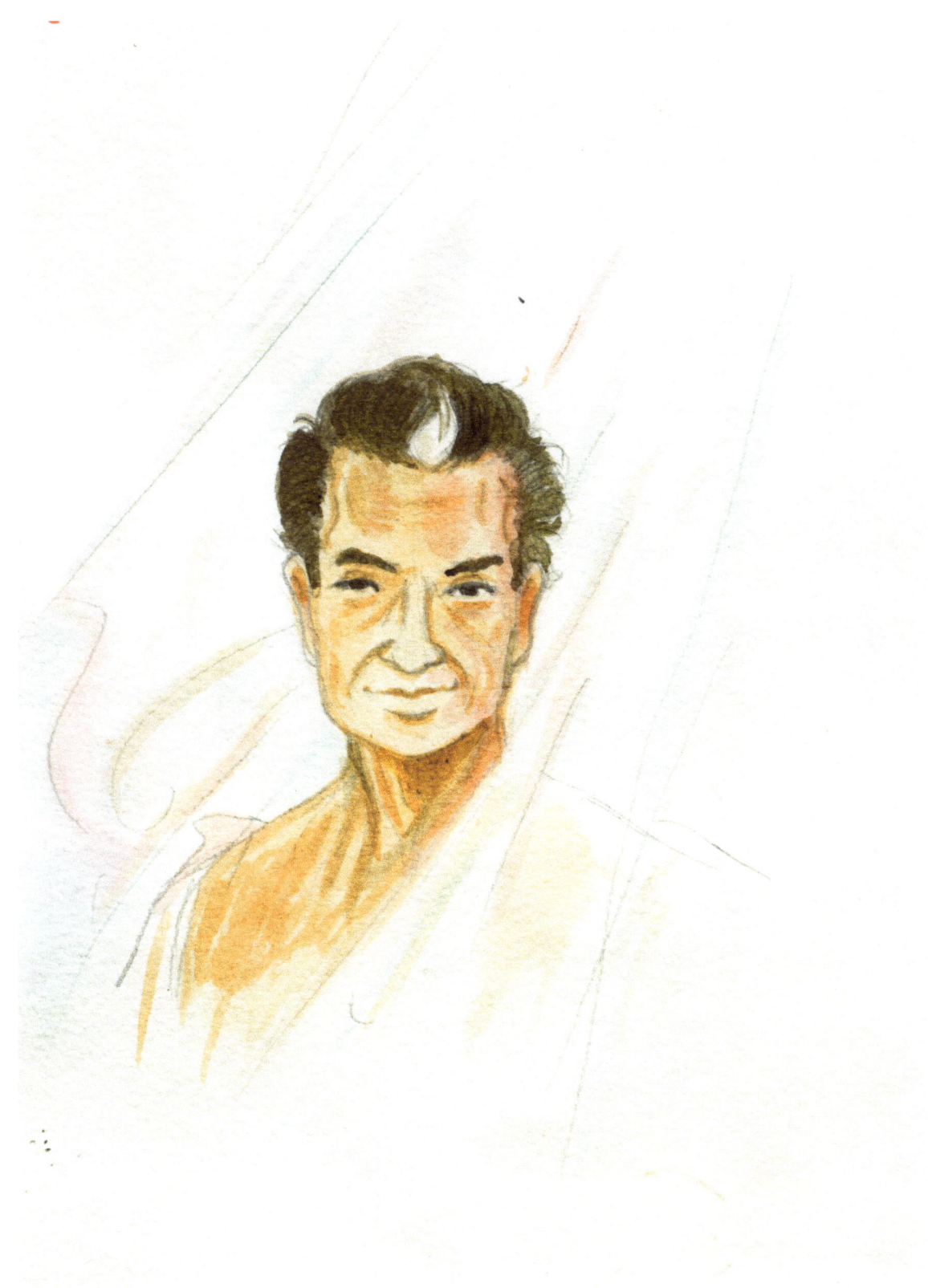

9

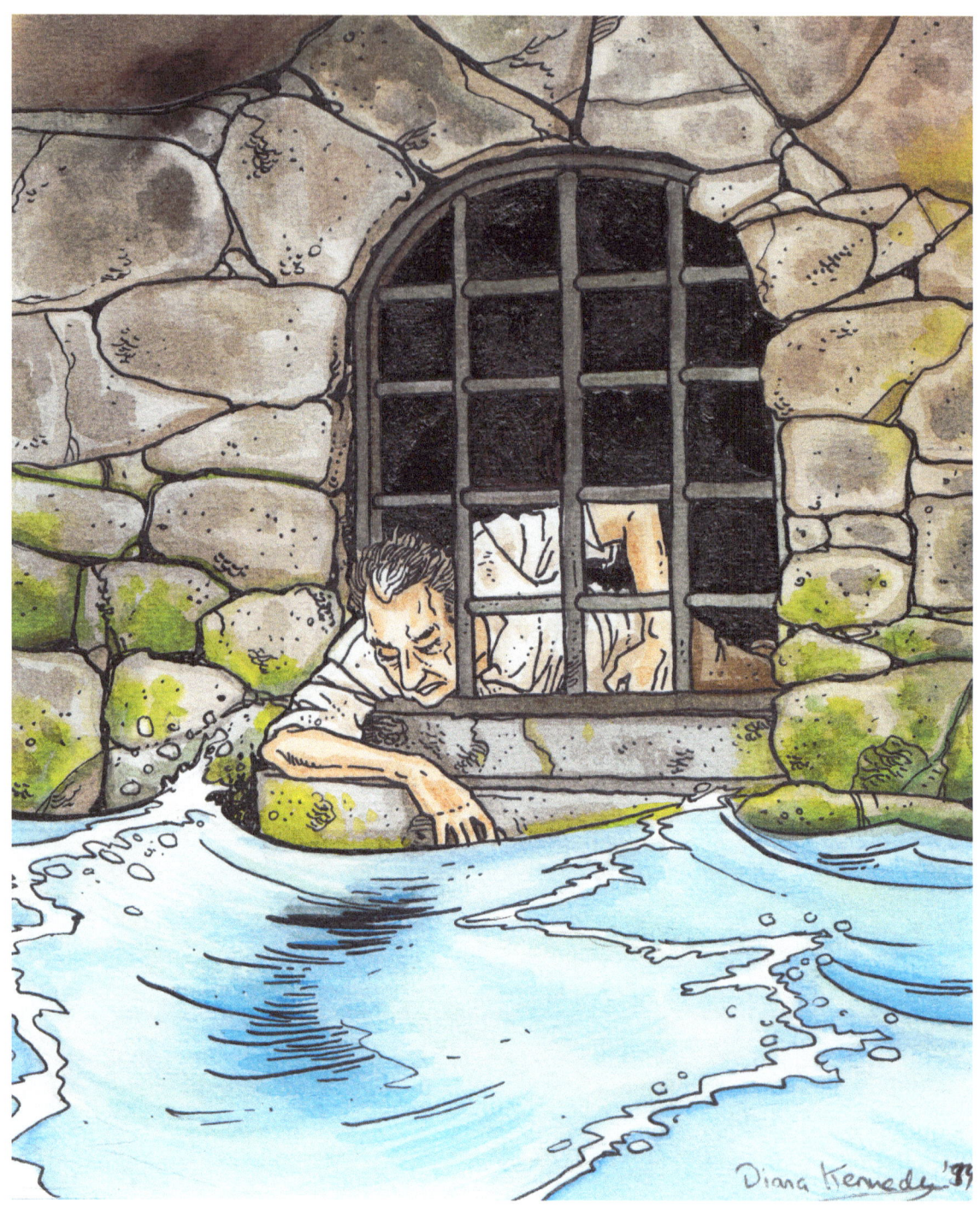

John F. Kennedy erfahre ich als eine dynamische Muse.
Er ist offen, geradlinig. Er sagt, was er will, und ich mache es.

Aldo ist ganz anders: Scheu, zurückhaltend und immer noch traumatisiert.

Er schwankt zwischen Furcht und dem Wunsch, sich mitzuteilen.
Ich muss mit Geduld und Zartheit auf ihn zugehen.

Dann, plötzlich, sprudelt ein Wasserfall an Gefühlen und Eindrücken.
Intensiv, aber kaum fassbar und noch weniger kommunizierbar. Da sind Mauern, Eingeschlossensein, Keller, Gefangenschaft.

Noch habe ich den Schlüssel zu seiner Sprache nicht. Noch ist alles wie Wasser, das durch die Finger rinnt. Ich lasse dem Stift in meiner Hand freien Lauf und ich flüstere: "Ich will deine Seele in warme Farben kleiden."

Und dann, für einen Augenblick nur, offenbart sich mir seine Sprache und wird entschlüsselt: Die Wände stürzen ein und eine Welt von unbeschreiblicher Fülle tut sich auf.

Würzige Sommerluft, Rosen, türkisfarbenes Meer und Olivenbäume, die viele Jahrhunderte alt sind. Ich begreife die Gleichzeitigkeit seines Erlebens, wie Vergangenheit, Zukunft und Gegenwart eins sind und warum in jedem seiner Sätze zehn Botschaften gleichzeitig wohnen.

Eigene Erinnerungen vermischen sich mit den seinen. Es entsteht ein kraftvoller Morgen in einer versunkenen Zeit. Die Bilder strahlen in wunderbarer Klarheit. Doch ehe ich sie richtig erfassen kann, baut sich die Mauer wieder auf. Der Kerker schließt sich, Stein für Stein.

Es bleibt nur ein schwaches, sehnsuchtsvolles Glimmen in der Dunkelheit.

Um Aldo herum sind immer Schatten.

Er wird belauert, wie die Antilope am See.

Schemenhaft hocken sie in den Zweigen der Bäume, oder sie starren mit kalten Augen aus dunklen Spiegeln.

In mondhellen Nächten greifen sie nach seinem Bildnis.
Auch der schwarze Traum, der in der Tiefe des Brunnens wohnt, kennt seinen Namen.

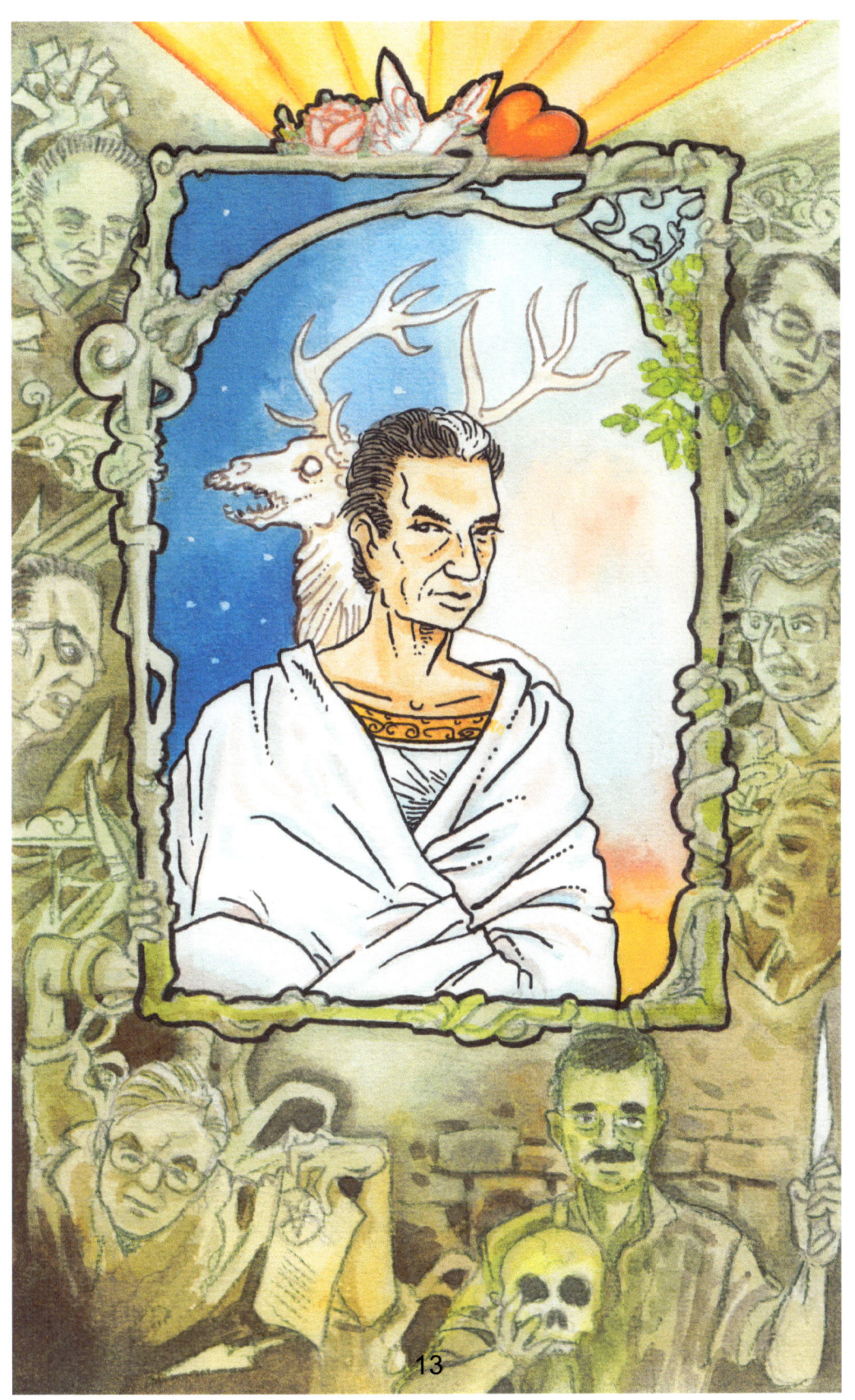

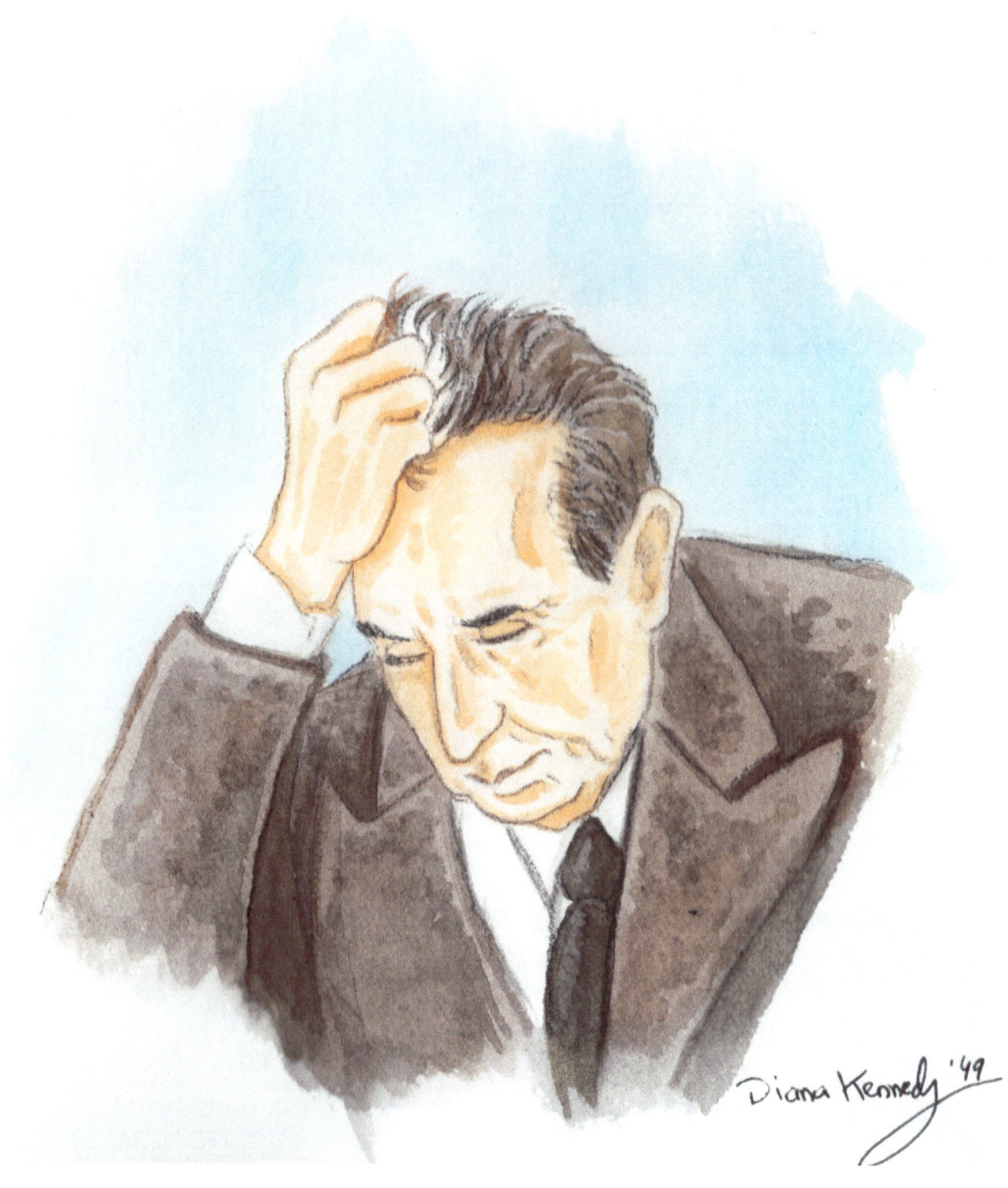

Dieses Bild hatte als Vorlage ein Foto, das auch den Titel des Buches von Marco Clementi ziert: "La Pazzia di Aldo Moro" (Die Verrücktheit Aldo Moros).

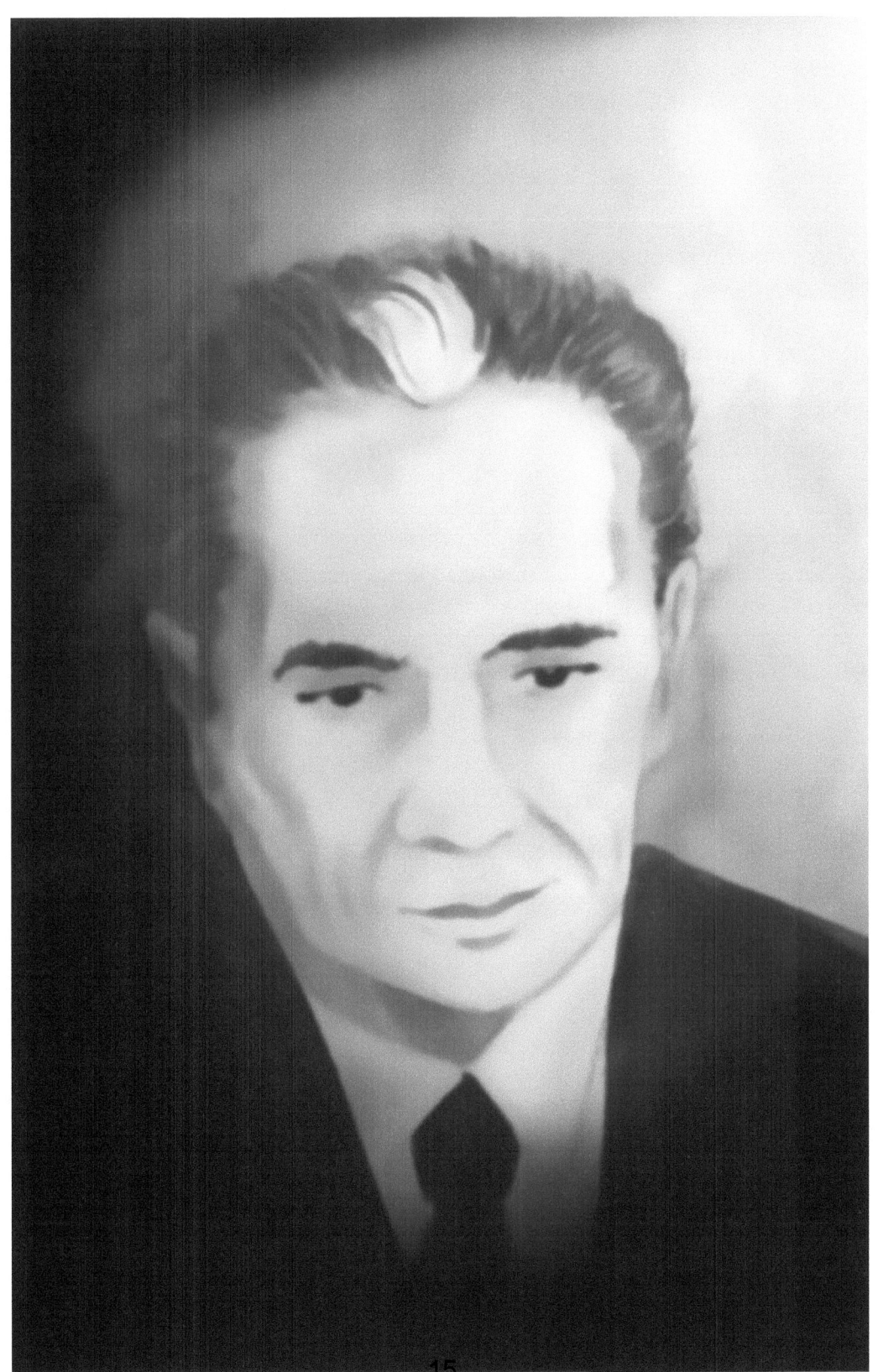

Es gibt einen uralten *Schwarz-Weiss-Film*, in dem Aldo Moro eine Rede vor Parteigenossen hält. Tänzelnd, anmutig beginnt er jeden Absatz mit "Io credo." - Ich glaube - und dann folgt eine Reihe von kompliziert formulierten, visionären Thesen.

Die Kamera schwenkt auf die Zuhörer, auf ihre versteinerten Blicke. Ab und zu verdreht einer von ihnen gelangweilt die Augen. Es sind Augen voller Feindseligkeit.

Ich frage mich, ob Aldo überhaupt merkt, dass er keineswegs gut ankommt. Er lächelt. Aber dann, als er glaubt, die Kamera sei nicht mehr auf ihn gerichtet - ein Gesicht voller Kummer und Enttäuschung.

Er weiss es.

Dass er es unter diesen Umständen überhaupt bis zum Premierminister gebracht hat erscheint wie ein historisches Paradoxon. Ja, man nannte ihn das "Rassepferd" seiner Partei. Sein wacher Intellekt, die vornehme Noblesse, die ihn umgab, und seine geschliffene Rhetorik machten aus ihm einen Vorzeigepolitiker, mit dem man auch international punkten konnte.

Irgendwann wurden die Schläfen des Rennpferdes mit der weissen Stirnlocke immer eingefallener. Die grossen, dunklen Augen aber, sie blickten immer noch wach in die Welt, und der alte Gaul der er nun war, wurde zunehmend eigenwilliger.

Dein Schicksal in meiner Hand

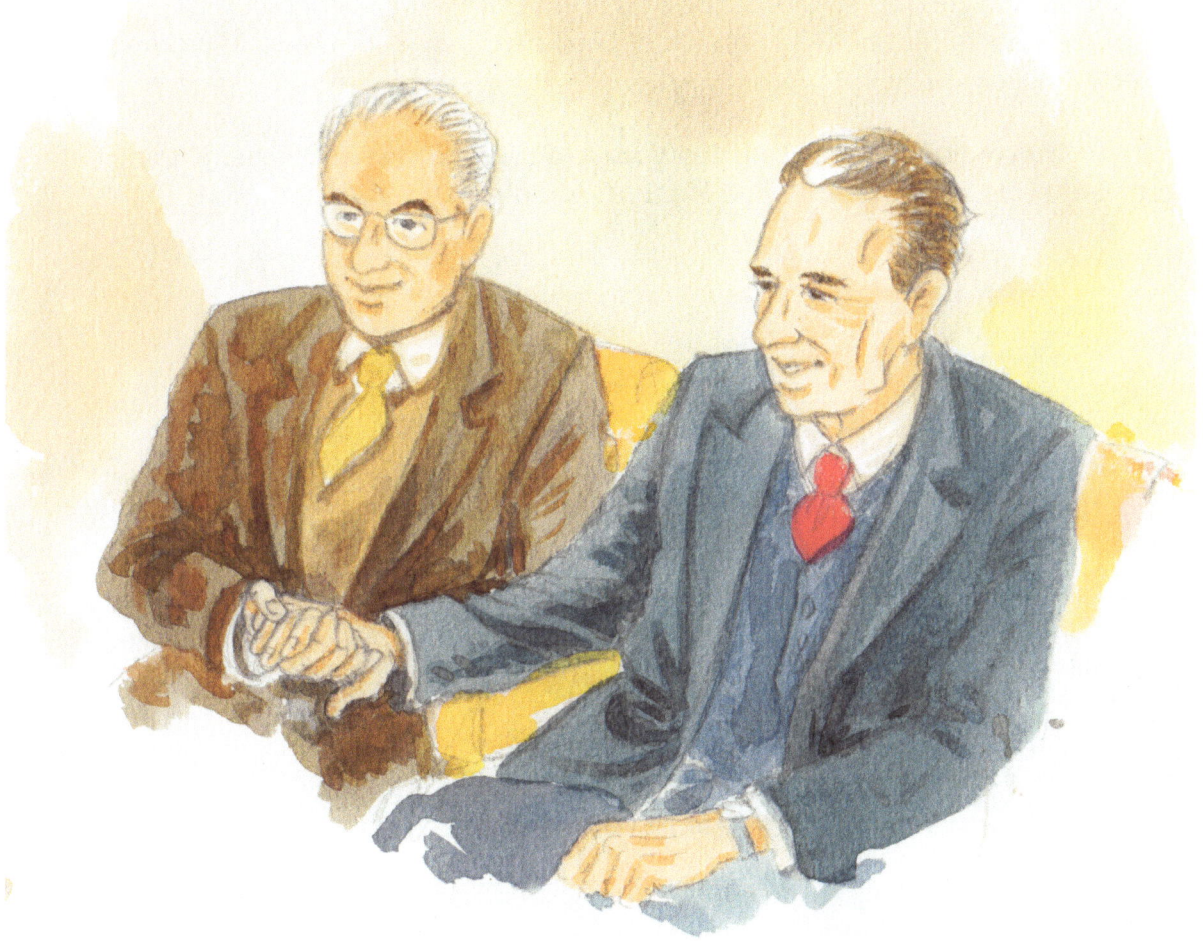

Auch dieses Bild hat als Vorlage eine reale Fotografie.
Eine für mich verstörende Momentaufnahme. Denn wer hier grinsend Aldos Hand hält, ist Francesco Cossiga.
Dieser hat sich während der Entführung am vehementesten gegen jegliche Verhandlung mit den Brigate Rosse eingesetzt.

Cossiga: "Ich wusste, dass er sterben würde, dass sie ihn uns niemals lebend zurückgeben würden. Und doch gehörte ich zu den stärksten Befürwortern der harten Linie. Das ist meine persönliche Tragödie."

Seine Tragödie?

17

Auf vielen Fotos ist Aldo zu sehen, wie er sich tief vor anderen Staatsmännern verneigt.

Diesbezüglich ist er ganz anders als John F. Kennedy. Jener trug das Haupt stets hoch, himmelwärts blickend. Und dennoch ist bei Aldo Moro keine Unterwürfigkeit da, keine falsche Demut.

Mit dem ihm eigenen Selbstbewusstsein und nur wenig Bescheidenheit vertritt er seine Position und seine Ideen. Geduldig, sanft aber bestimmt.

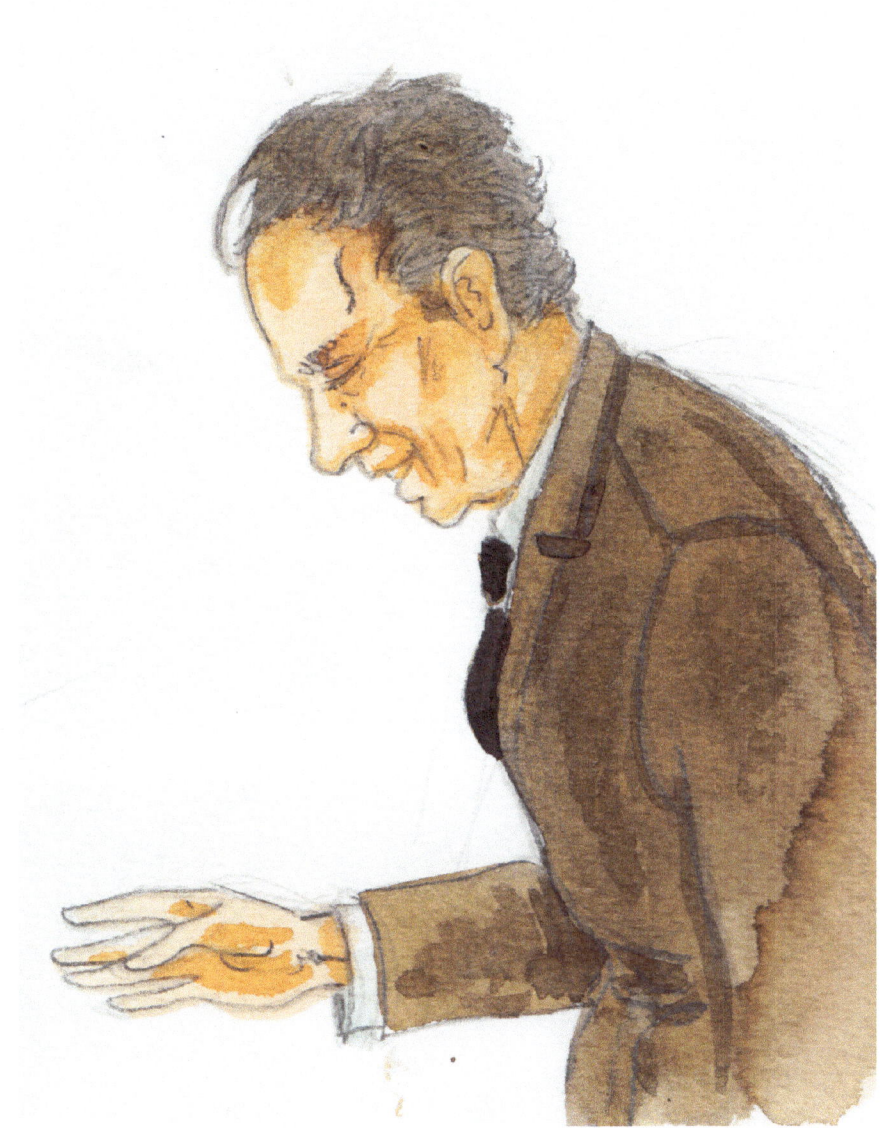

DIE VERLORENE SPRACHE

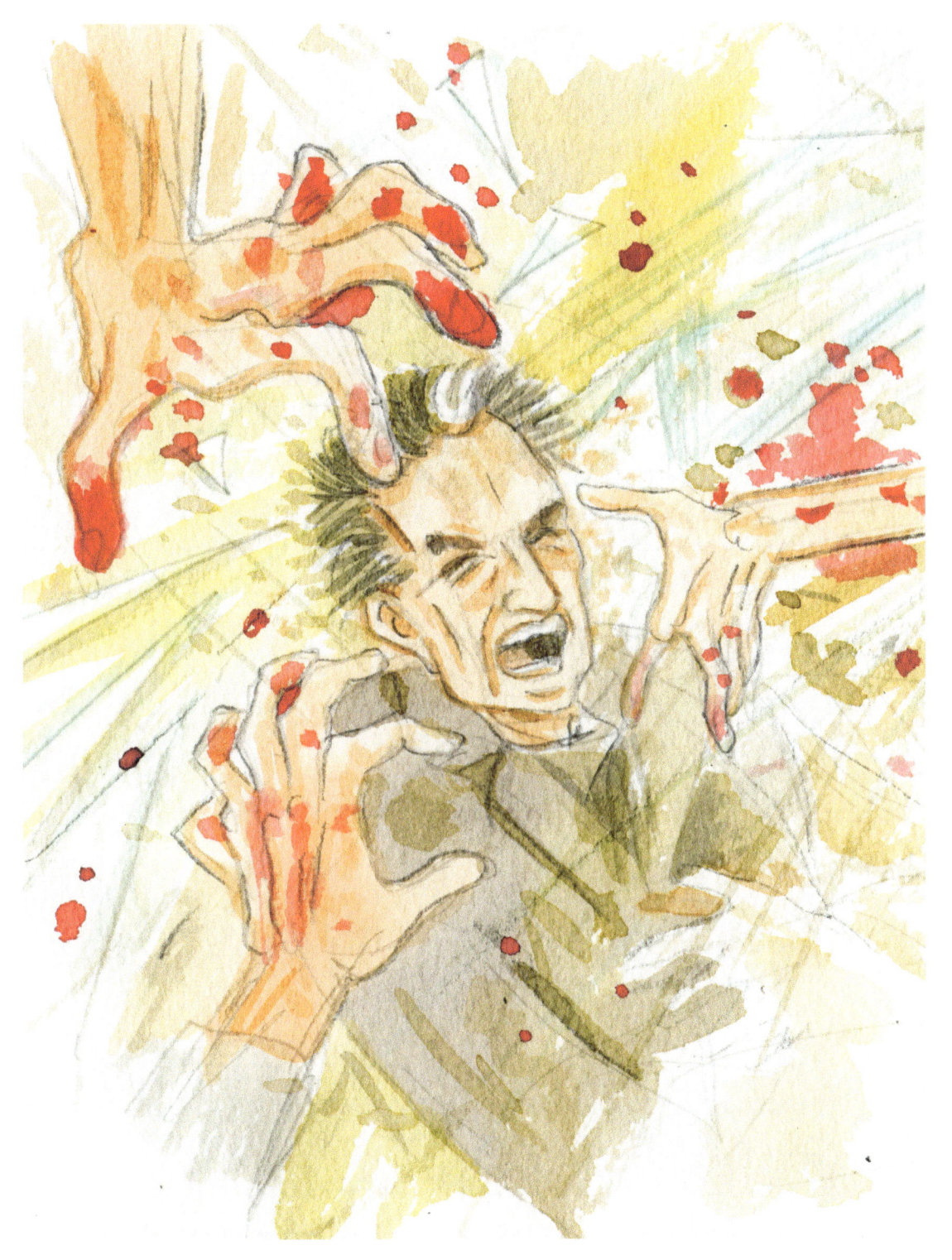

Ich erfahre eine Fülle von Eindrücken und Gefühlen aus der Zeit der Gefangenschaft. Das Erleben der eigentlichen Entführungstat aber, es bleibt mir verschlossen.

Der Überfall in der Via Fani, der Kugelhagel und der Tod der fünf Leibwächter. Fast scheint es so als stellten diese Geschehnisse ein noch tieferes Trauma dar. Eines, dessen Grauen nicht mehr kommunizierbar ist.

Und dennoch ist da ein Ahnen. Das Entsetzen ist mit dem Leid der Gefangenschaft verschmolzen. Die verdichtete Gleichzeitigkeit des Geschehens erschafft eine neue Dimension in der Welt hinter den Mauern.

Eine Singularität des Schreckens ist entstanden.

Ich versuche gleichwohl, den Moment der Entführung irgendwie zu isolieren; Lärm, Blut, Schnitte, Schreie, Schleudern, Festgehaltenwerden.

Angst, Dunkelheit.

Nach dem Verhallen der Schüsse, nach dem Aufwachen in der Gewalt der Entführer kommt die Erleichterung, überlebt zu haben. Die Todesschüsse galten nicht ihm, sie galten den Begleitern - und er, er hat noch eine Chance.

Reflexartiger Ur-Egoismus im elementaren Überlebensdrang ist ein Empfinden, gegen das auch eine edle Seele nicht ankommt.

Dann aber dennoch: Aufkommende Schuldgefühle und Trauer, endlose Trauer. Sie überlagert die erste Überlebenseuphorie.

Es folgt das langsame Gewahrwerden der Enge, des Gefängnisses. Der völligen Abhängigkeit von den Entführern.

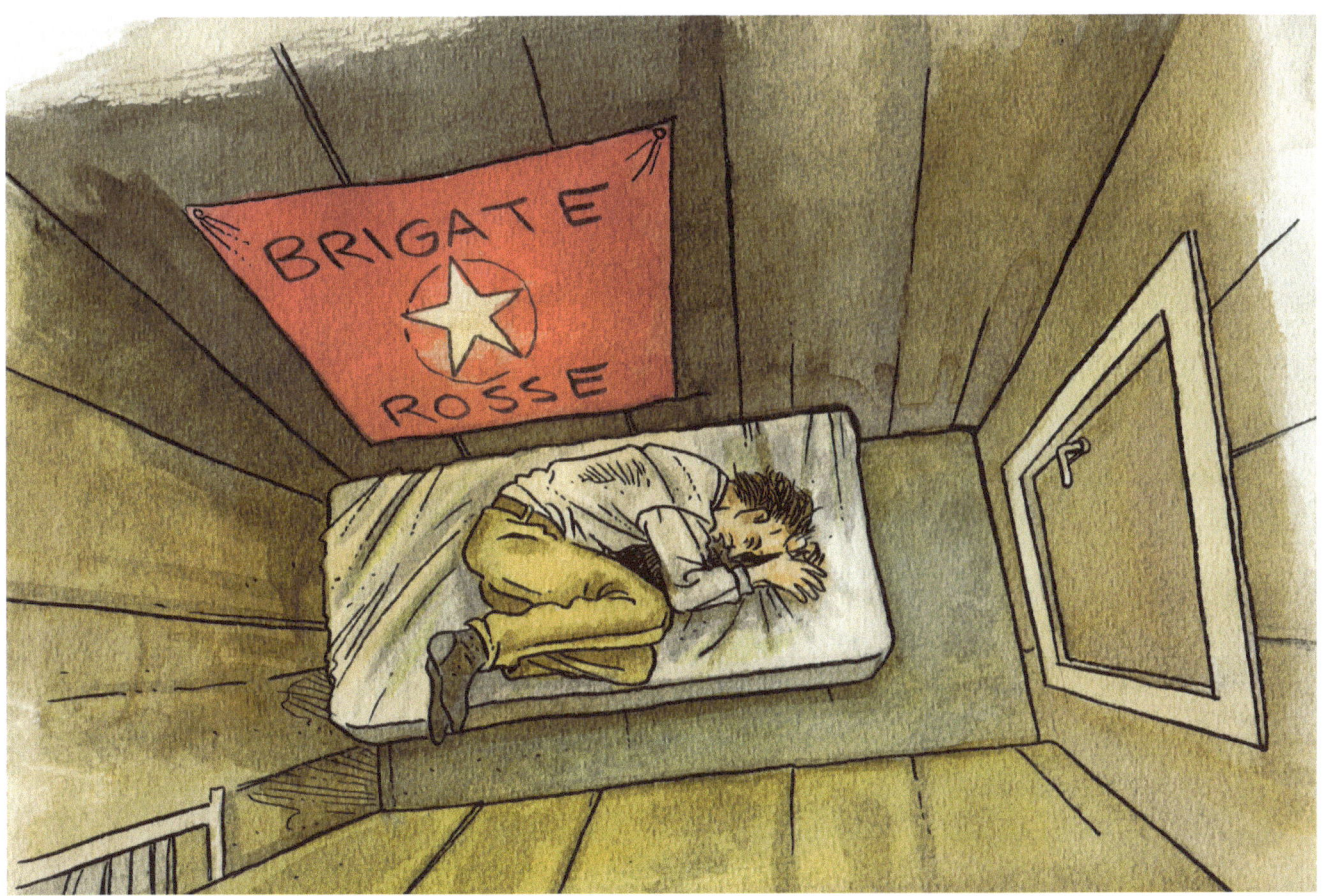

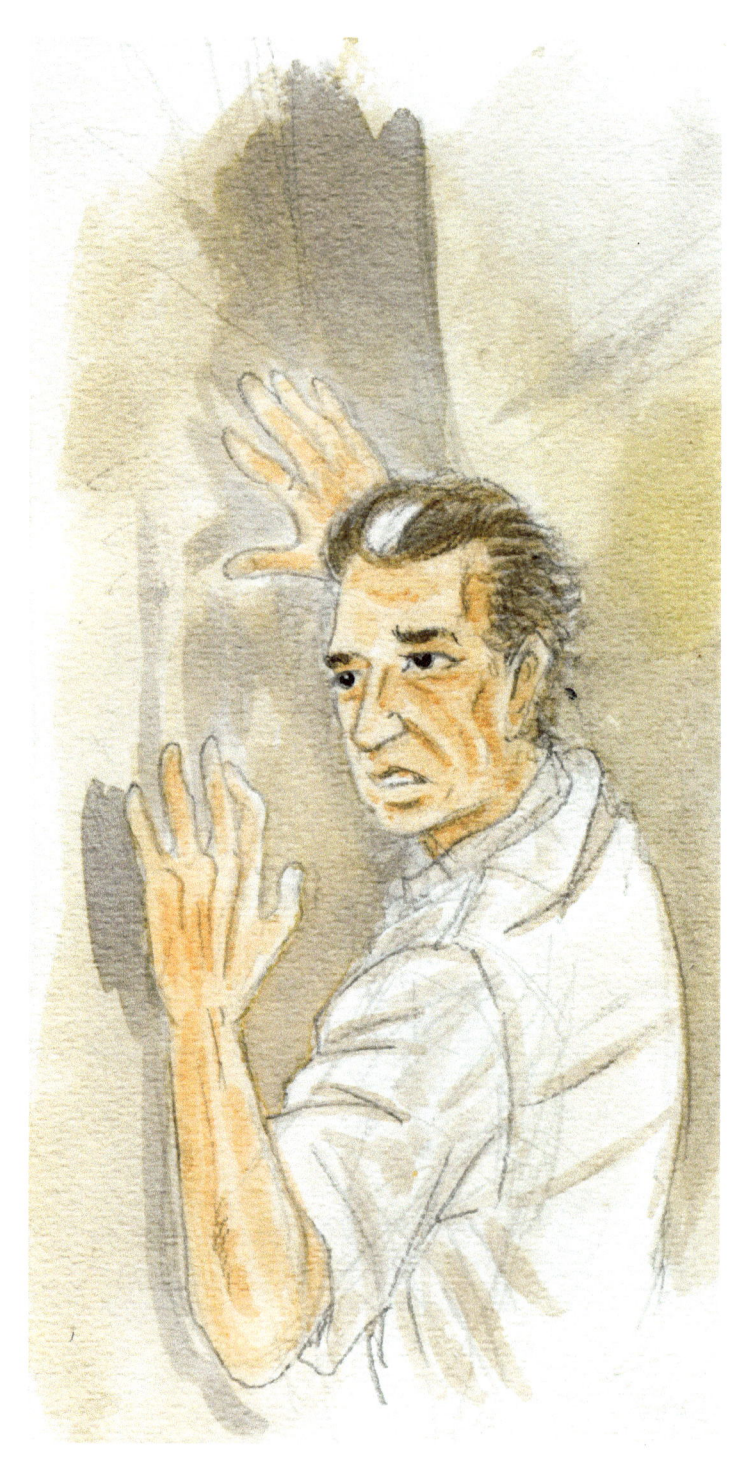

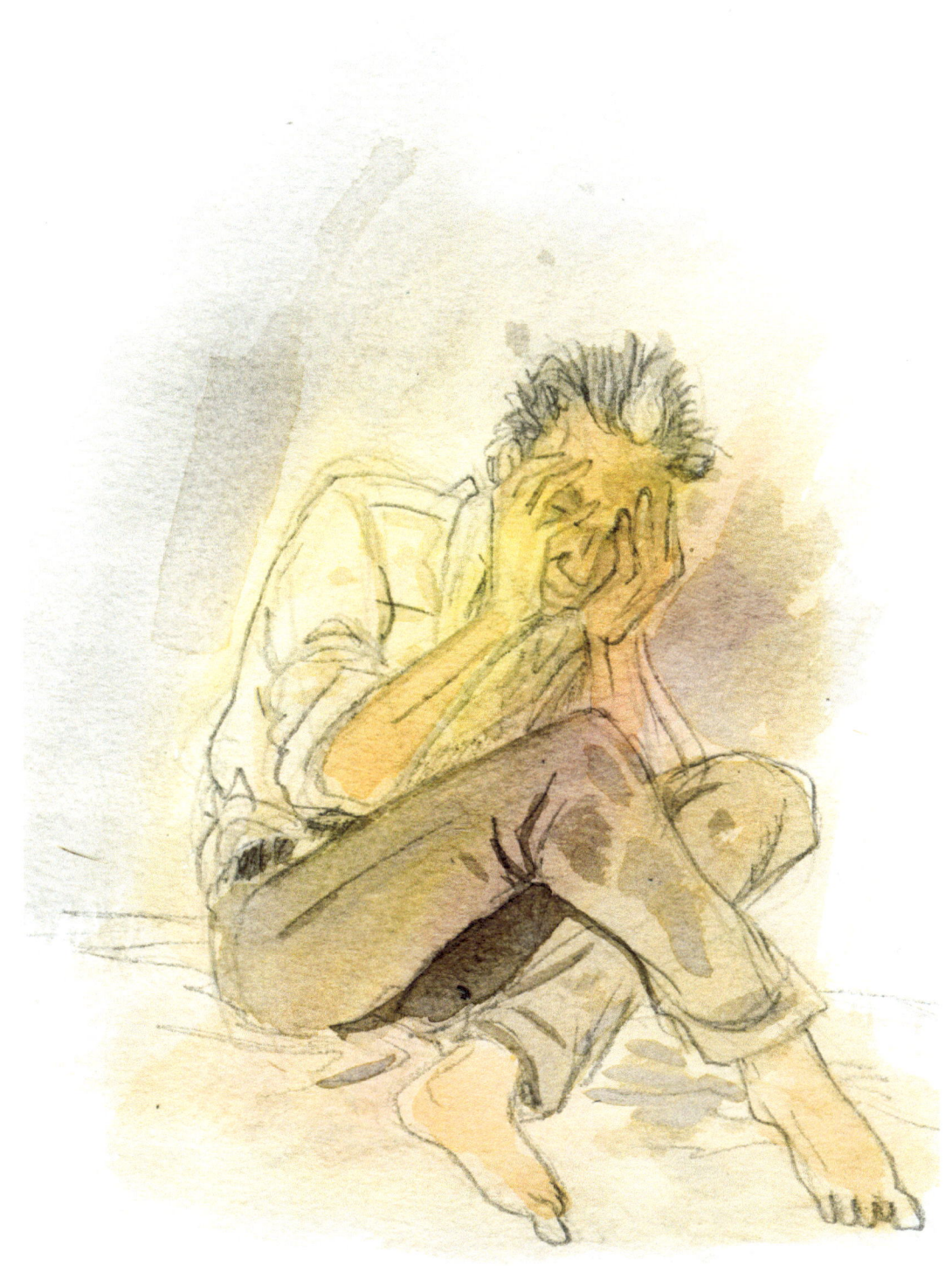

Das erste Foto wird gemacht.

Warum lächelst du da, Aldo?

Ist das bereits Teil deines verzweifelten Überlebenskampfes? "Flirtest" du mit deinen Entführern, gleichsam wie das Kälbchen, das die Hand des Schlachters ableckt? Sollen die Menschen da draussen von deinem Liebreiz überzeugt werden, damit sie sich für dich einsetzen?

Ahnst du, dass dies eines der letzten Bildnisse von Dir sein wird? Möchtest du der Ewigkeit freundlich entgegentreten?

Deine Entführer. Wie sehen sie dich?
Nun, wo du nicht mehr die von fern anvisierte Beute bist. Jetzt, wo du vor ihnen sitzt: Kein abstraktes Objekt, sondern ein atmender Mensch.

Ganz nah bist du für sie, so dass sie dich anfassen und dein Haar riechen können.

Im Kampf um dein Leben setzt du deine stärksten Waffen ein. Deine Stimme. Deine Geduld. Deine Sanftmut.

Ich weiss, bald beginnt deine beeindruckende Gegenwart auf sie zu wirken.

In deinem Lächeln liegt der ganze Schmerz der Welt.

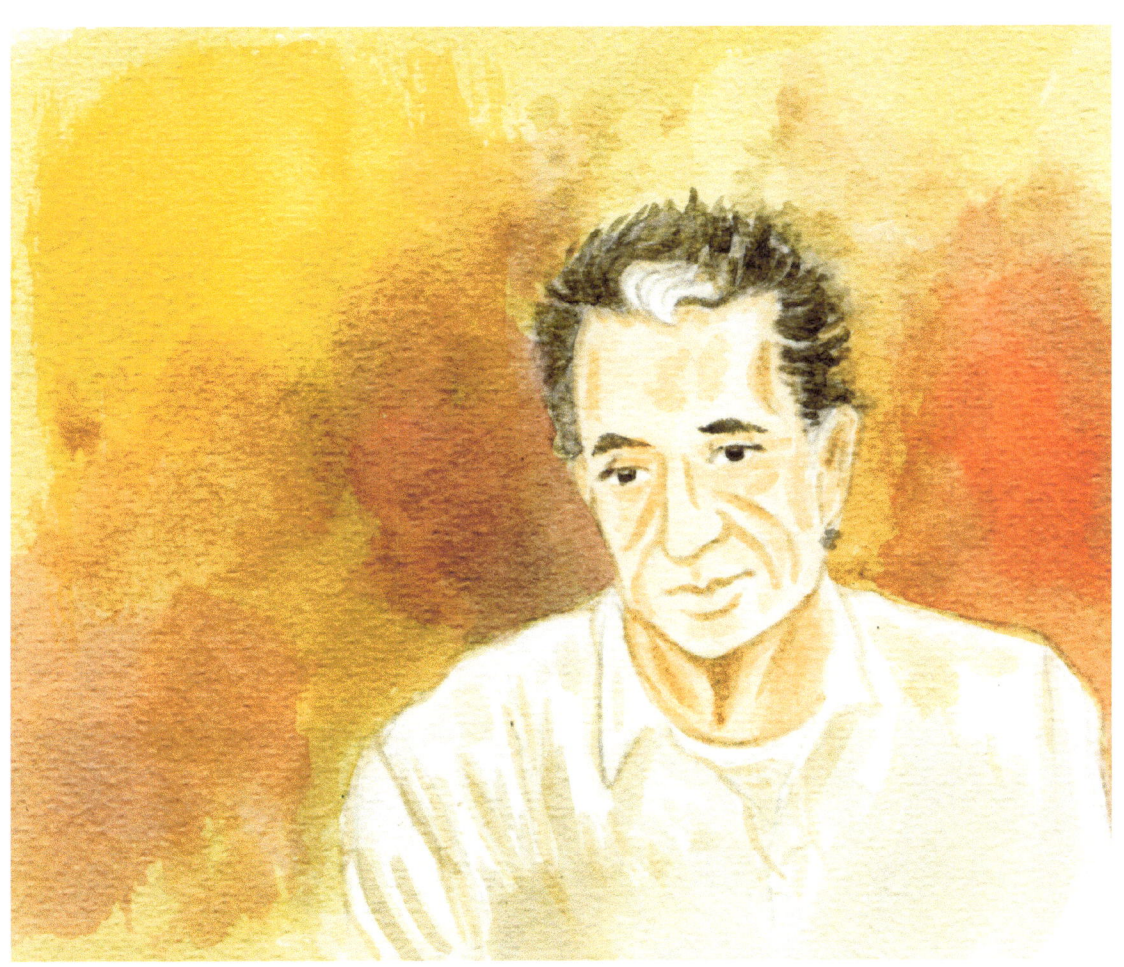

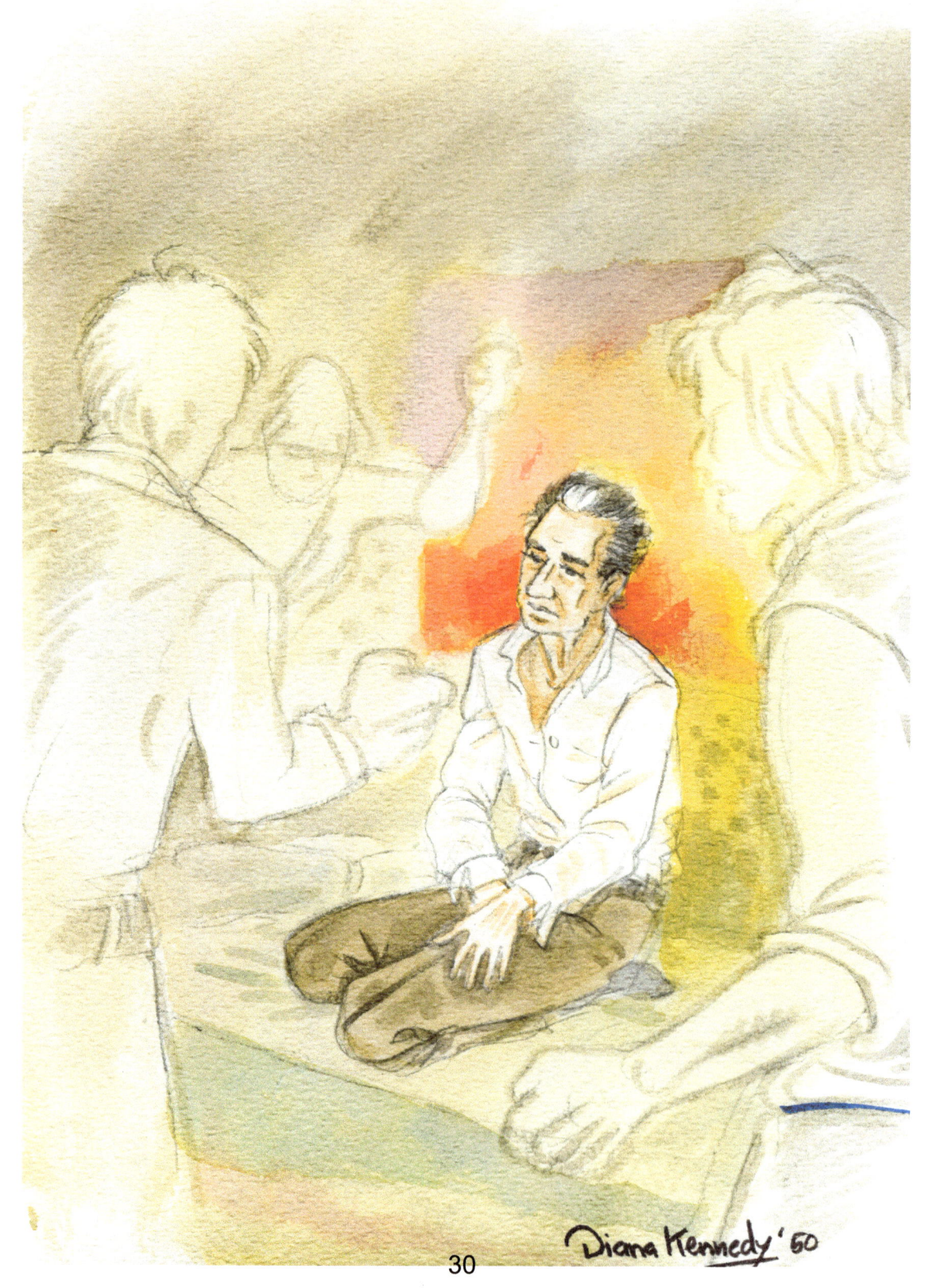

Ein weitaus grösserer Schrecken als die Aggression durch Fremde oder erklärte Feinde ist der Verrat durch Freunde. Wenn jene Menschen, die man zu kennen glaubt, plötzlich ein ganz anderes Gesicht zeigen.

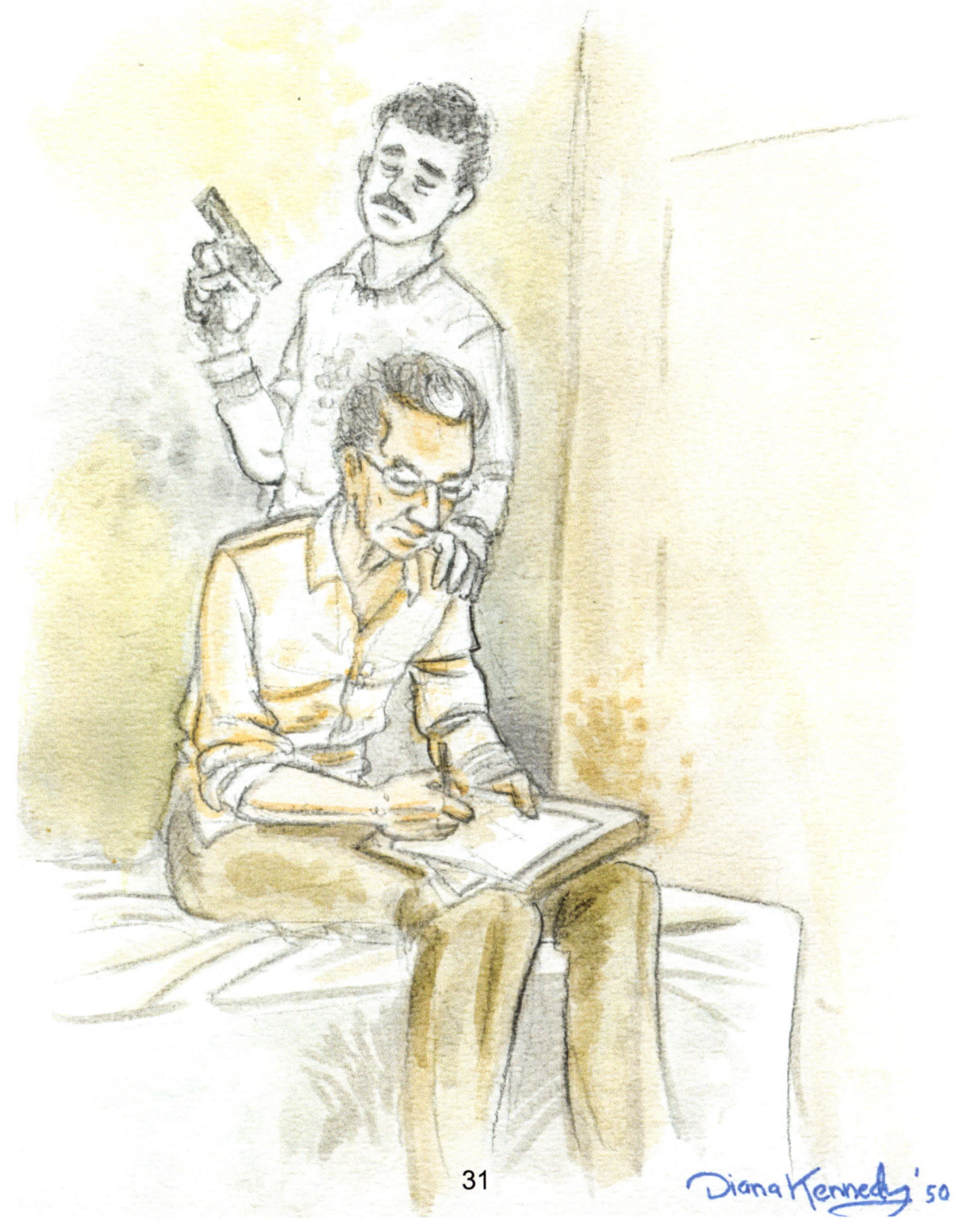

Du hast bis zum Schluss nicht wirklich begreifen können, was da draussen passiert. Was mit dir passiert. In deiner Verzweiflung hast du das getan was auch ich tue, wenn ich Panik bekomme und das Gefühl habe, vom Verstehen der restlichen Welt wegzudriften: Du hast Briefe geschrieben.

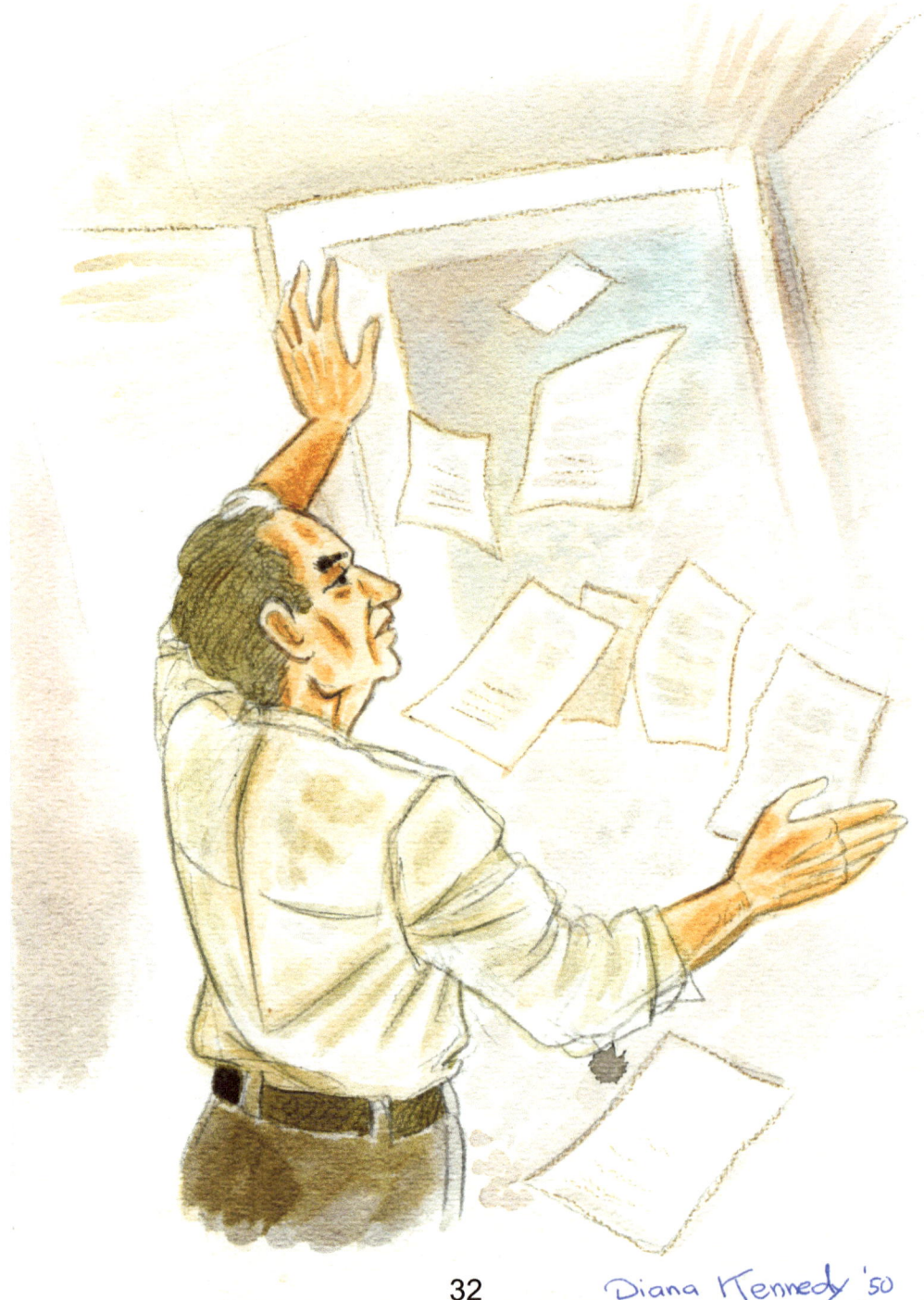

Diana Kennedy '50

Du hast dich erklärt, argumentiert, noch mal erklärt und noch mal und immer, immer wieder. Bis zur völligen Erschöpfung.

Und als dir klar wurde, dass all deine Erklärungen nicht gehört und nicht verstanden werden, da hast du ihnen Vorwürfe gemacht. Bittere Vorwürfe.

Deinen Entführern haben deine Briefe gefallen, das weiss ich. Sie haben angefangen, dich zu bewundern. Deine herbe Kritik an der politischen Klasse, deine starken Worte.

Was wohl insgeheim in ihnen vorgegangen ist?

Nüchtern betrachtet war das jedoch keine gute Strategie. Deine ehemaligen Freunde anzugreifen hat deren Bereitschaft, dich zurückzuholen nicht eben gefördert. Noch heute interpretieren manche Menschen deine Anklagen als Beweis dafür, dass du "nicht gut" gewesen seist, sondern undankbar - und verrückt sowieso.

Hättest du dir das nicht denken können?
Nein. Im Nachhinein vielleicht, aber in jenen Tagen nicht.

Es wird mir offenbar, worauf meine Verbundenheit mit dir unter anderem beruht: Wir schlagen beide um uns, wenn wir verzweifelt sind. So heftig, so leidenschaftlich und intensiv, dass wir auch jene treffen, die wir gar nicht treffen wollen. Und die, die es treffen soll - sie, von denen wir doch nur möchten, dass sie uns endlich verstehen - sie entfernen sich ganz von uns.

Ob es dich gerettet hätte, wenn deine Briefe keinerlei Anschuldigungen nach aussen beinhaltet hätten?
Ich glaube nicht.

Gewiss: Man hätte dich dann nicht zu diskreditieren brauchen. Du hättest noch perfekter als ohnehin schon als Märtyrer aufgebaut werden können.

So aber liegen deine Briefe bis heute wie eine Gräte quer im stinkenden Schlund der allgemeinen Heuchelei. Dein Fluch, dieses starke "Mein Blut wird über euch kommen" ist vor allem eines: ein Mahnmal gegen die Scheinheiligkeit.

Trotz deiner Sanftmut - du hast dich nicht einfach brav abservieren lassen. Und das macht dich zum Verbündeten meines Herzens.

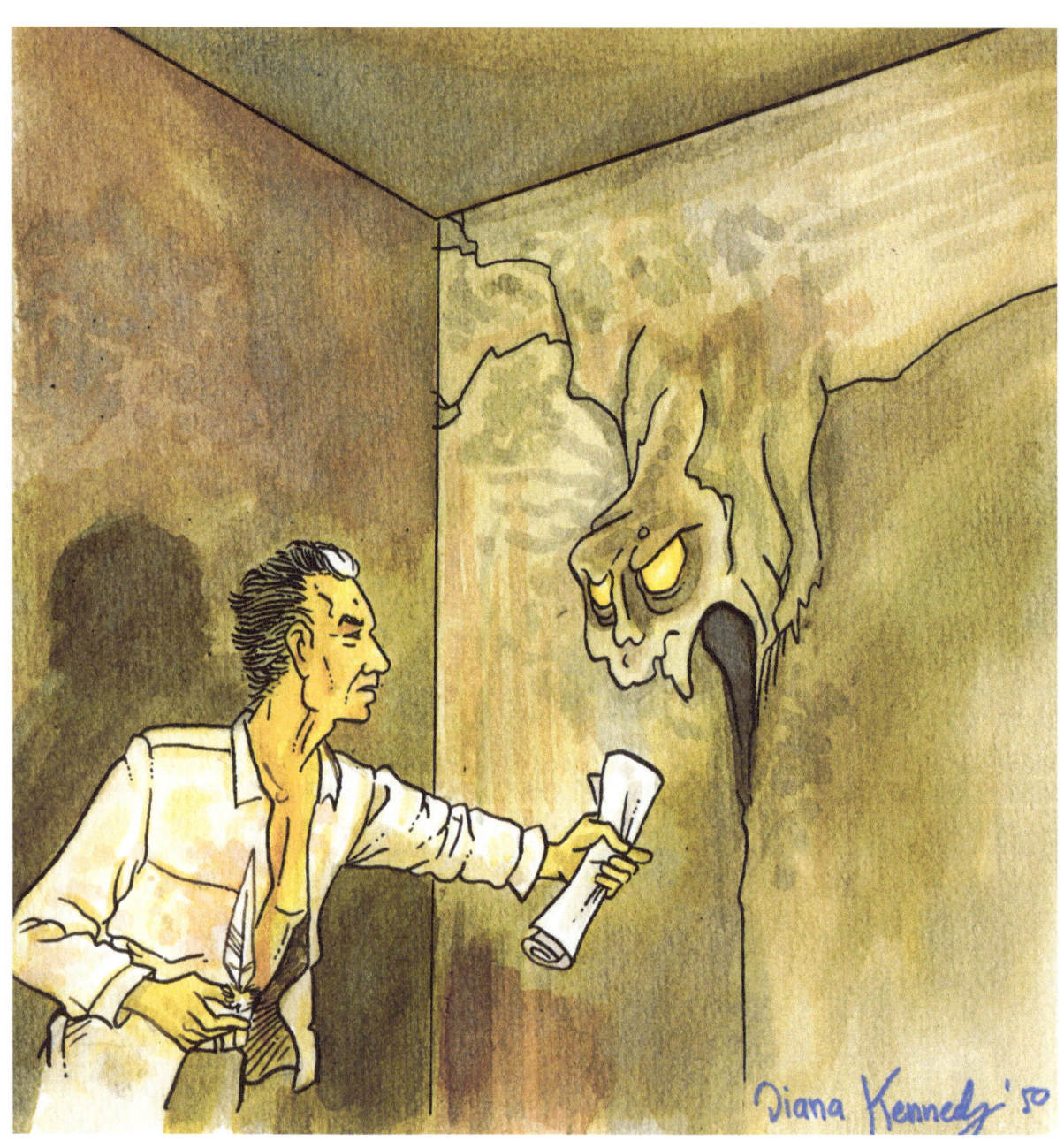

OPFERUNG

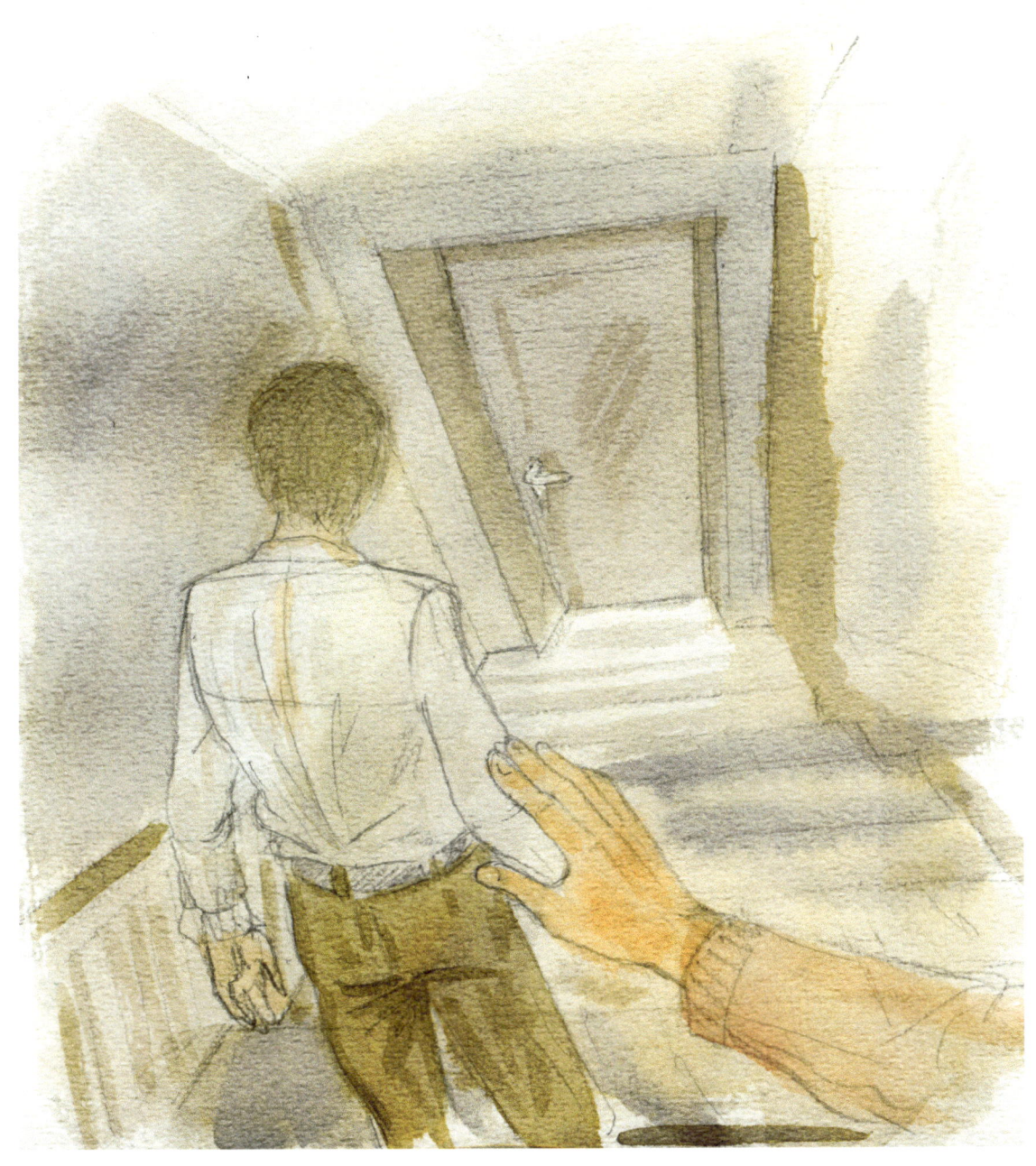

Wie konnten sie dir dabei in die Augen sehen?
Als sie dich hinausführten, auf deinen letzten Gang.

Hast du die Lüge, man würde dich in ein anderes Versteck bringen, je geglaubt? Ein kleiner, unsterblicher Funken Hoffnung in dir wollte sie gewiss glauben.
Aber das dunkle Wissen in dir ahnte, dass es nun zu Ende geht.

Bist du ihnen willig gefolgt? Oder hast du gezögert?
Trieb man dich roh weiter, oder haben sie dich beruhigt und dir versichert, du müsstest keine Angst haben? Was war in deinen Augen, kurz bevor du dir die Decke über den Kopf gezogen hast?

Wie konnte dein Schlächter dich ansehen? Dein mageres, ausgemergeltes Gesicht mit den eingefallenen Schläfen und dem spriessenden Bart, der es zuwucherte und deine Schönheit dennoch nicht verdecken konnte.

Dein zerbrechlicher Körper.

Was mit den Schüssen in der Via Fani begann, wird nun mit den Schüssen in der Via Gradoli beendet. Die Verwandlung vom Menschen Aldo Moro in den "Fall Aldo Moro" ist vollendet.

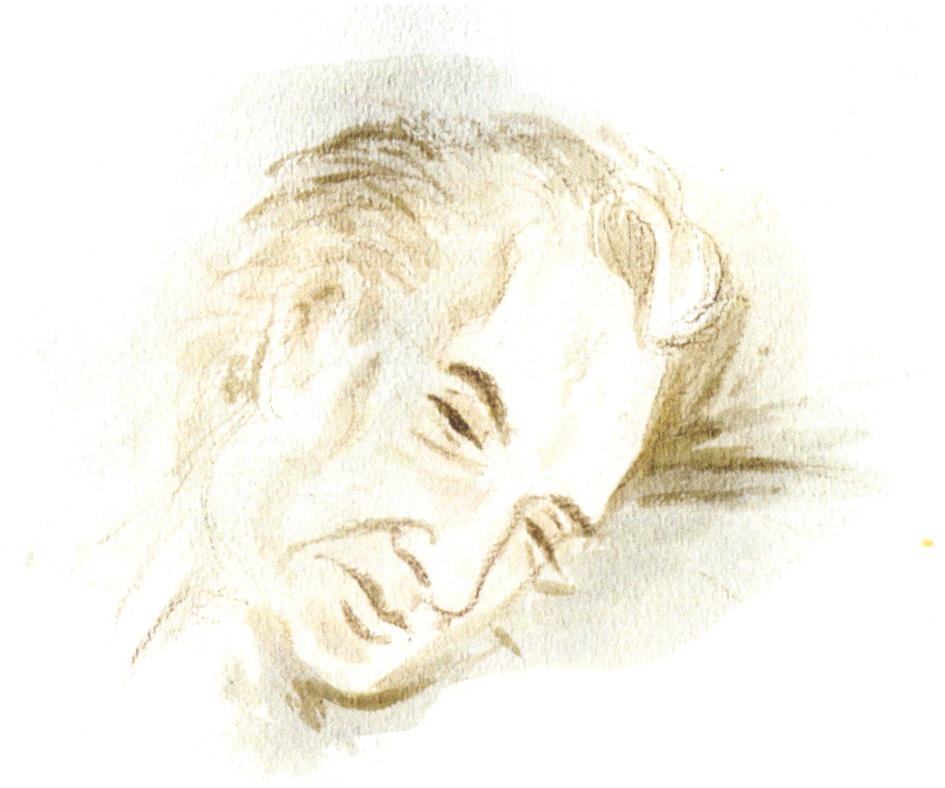

38

DANACH

"Ich wünschte, meine kleinen, sterblichen Augen könnten
erkennen was danach kommt. Wenn dort Licht ist, dann wäre
das schön".

Aldo Moro

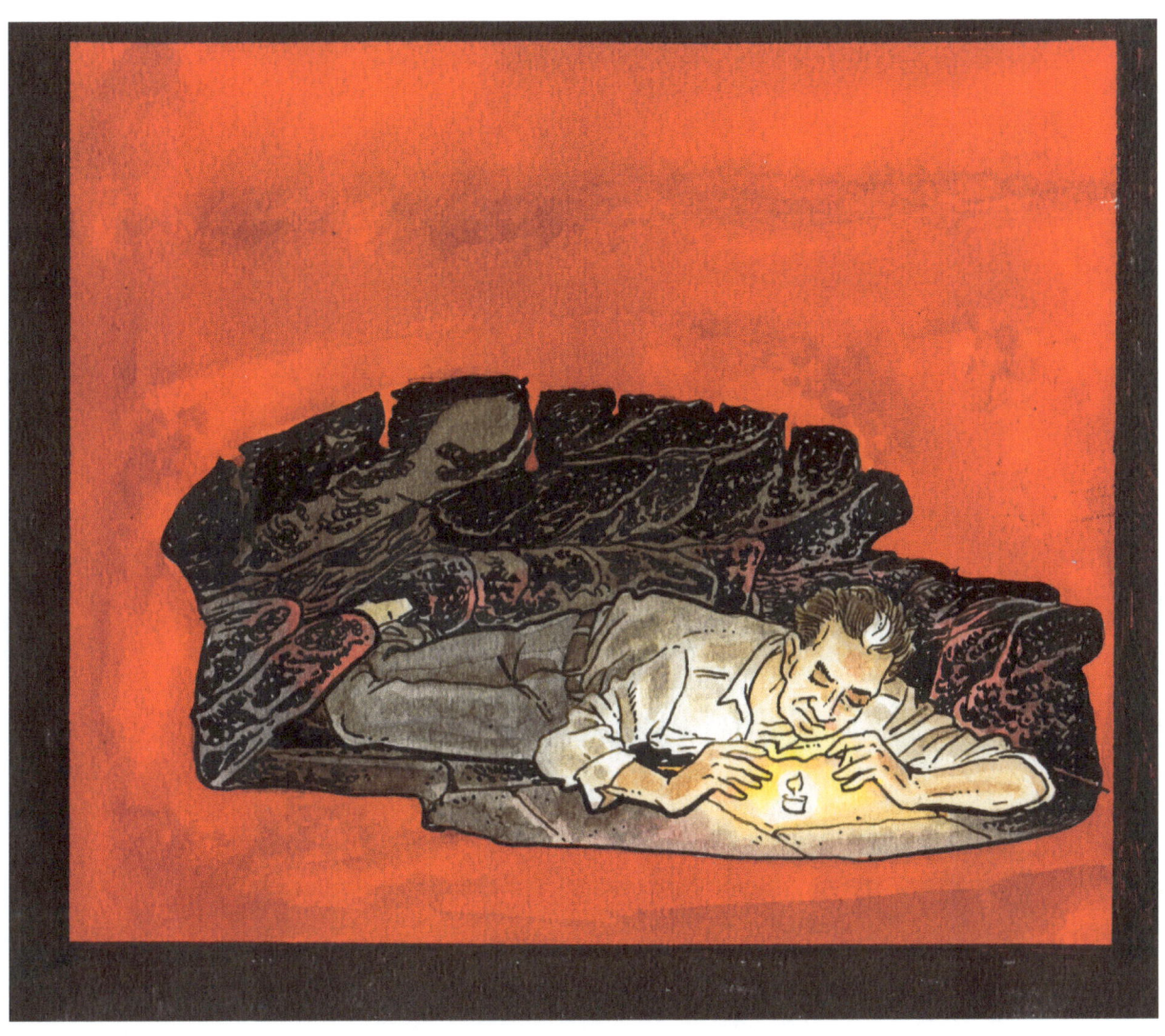

Hier endet scheinbar die Geschichte von Aldo Moro.
Mehr denn je hängt die rote Fahne der Brigate Rosse über ihm, erdrückt ihn, besitzt ihn. Irgendwo in der Dunkelheit der Geschichte versucht er, das letzte Licht seiner Seele zu bewahren, er selbst zu bleiben.

Diese Dunkelheit ist das Reich, in dem wir uns treffen. Hier ist es, als schriebe er weiterhin seine Briefe, als versende er diese hinaus in die Sphären zwischen Traum und Wirklichkeit. Ich finde die Briefe und versuche sie zu lesen. Ihren rätselhaften Inhalt in Bilder und Worte zu fassen.

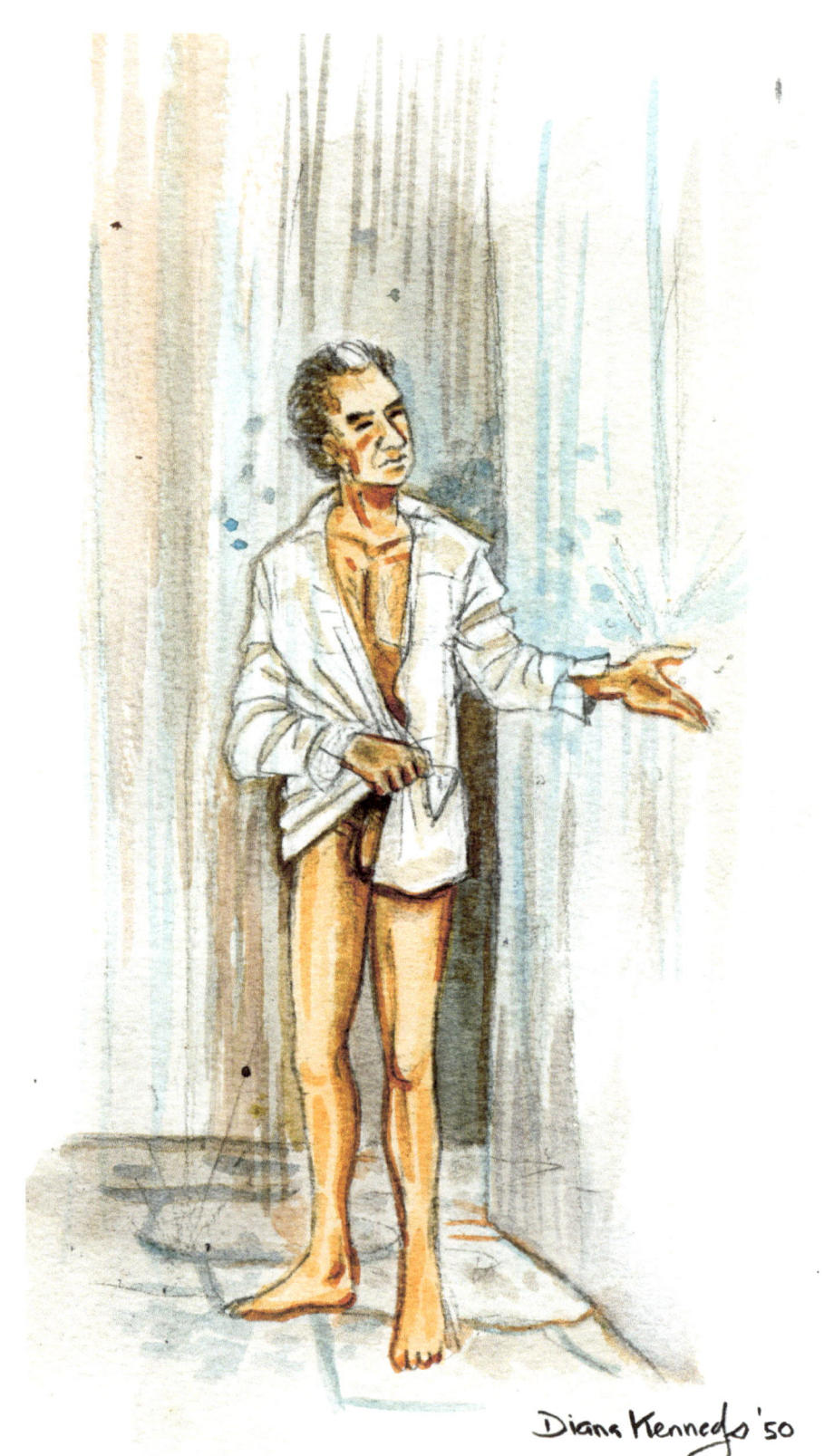

Diana Kennedy '50

Es ist vorbei. Aldo verlässt den Kofferraum.

Es regnet innerhalb des Gebäudes. Er trägt nur noch sein Hemd.
Er ist verloren und doch erleichtert.

Die Suche nach dem Ausgang ist gleichsam die Suche nach dem Verstehen. Denn noch immer kann er nicht verstehen, warum.

Warum ist es passiert? Warum hat niemand geholfen?

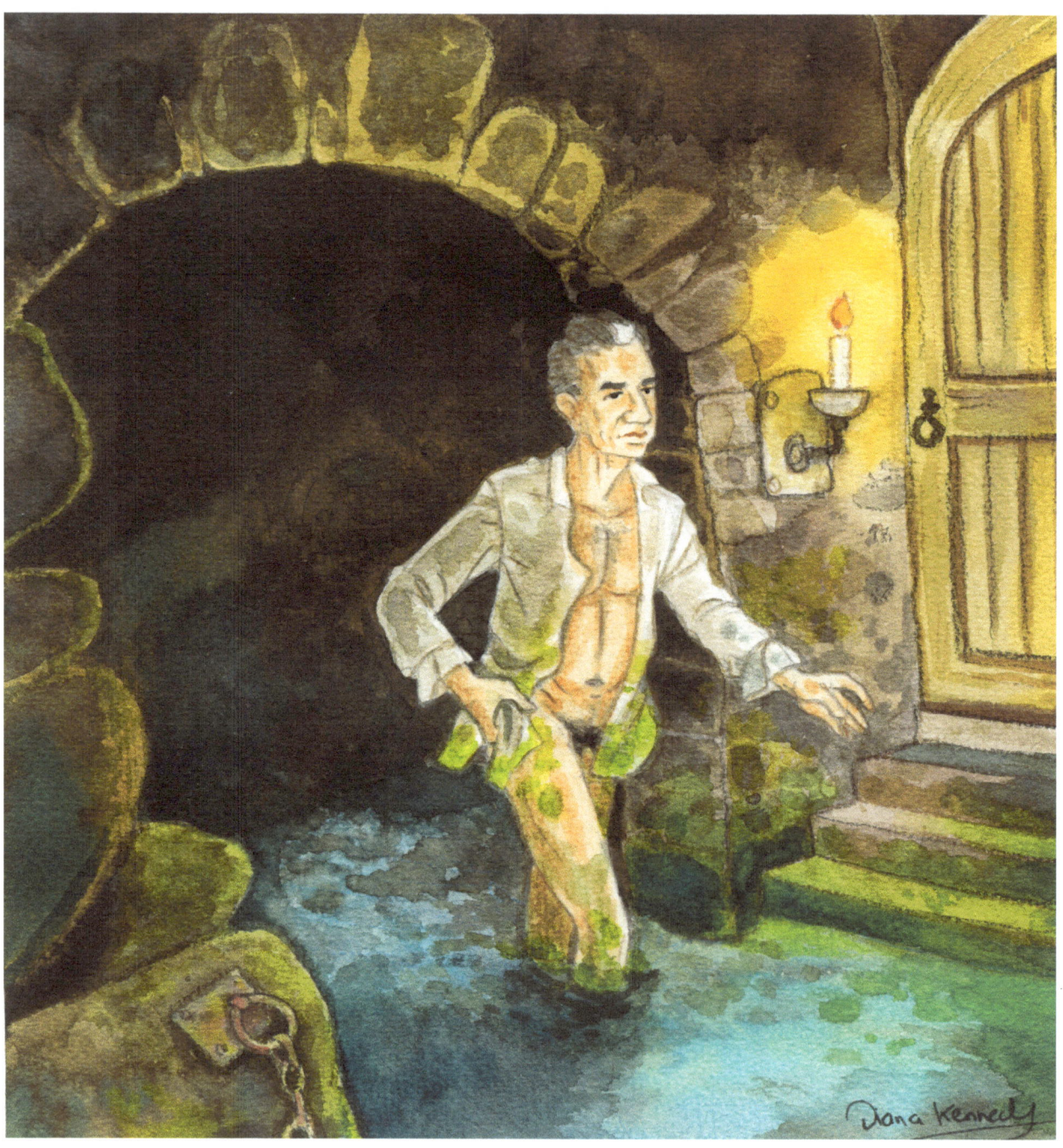

Irgendwo da draussen sind die Menschen. Sie gehen ihren gewohnten Dingen nach.

Haben sie ihn vergessen? Ist ihnen das Unrecht gleichgültig?
Die Zeit vergeht und es passiert so viel weiteres Unrecht. Scheinbar schlimmeres. Anderes jedenfalls.

Er möchte gehört werden. Und gleichzeitig wagt er es nicht, wirklich laut zu rufen. Zu tief sitzt nun das Misstrauen. Die Menschen sind schlecht. Sie sind falsch. Er möchte sie noch lieben, aber er kann es nicht mehr.

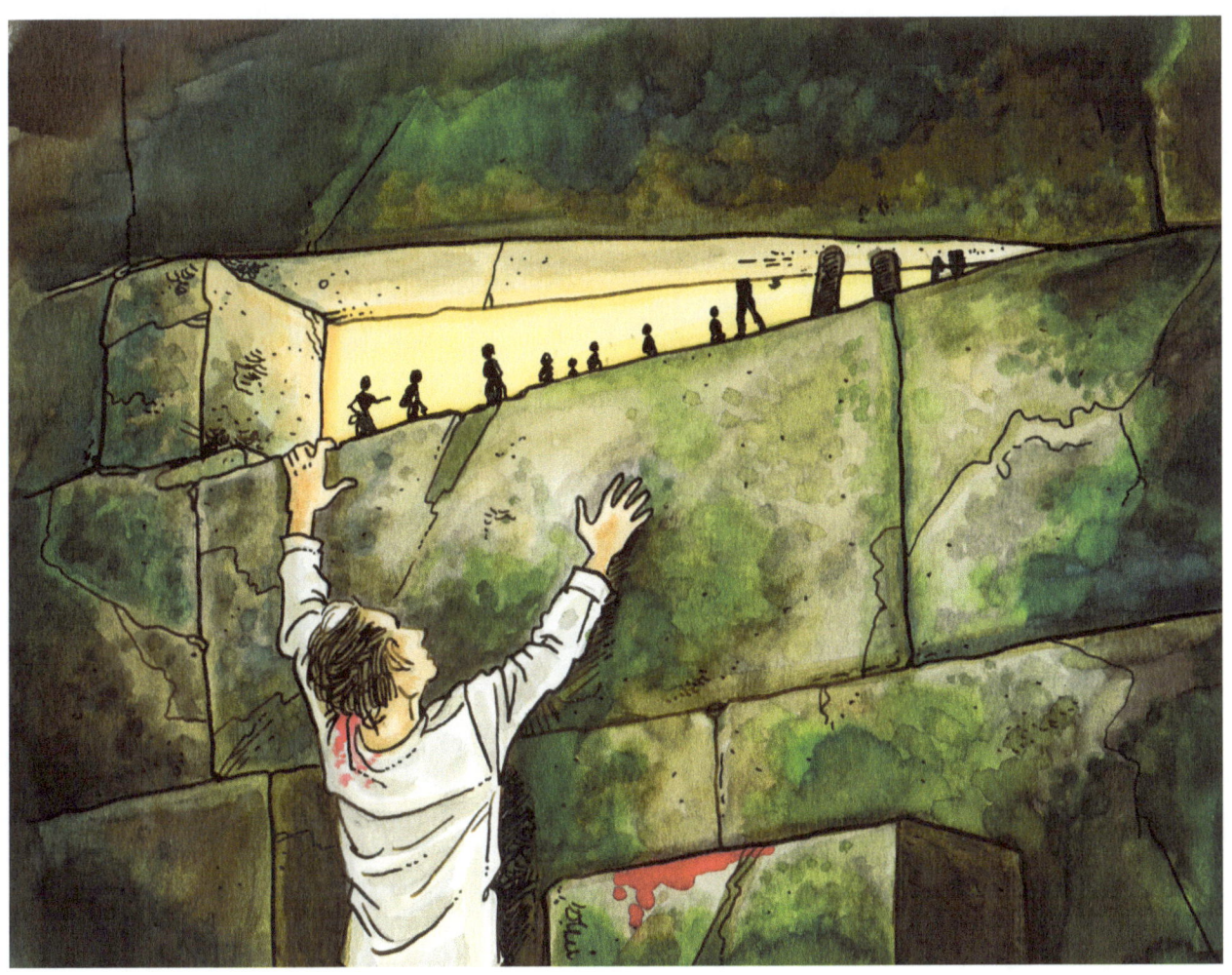

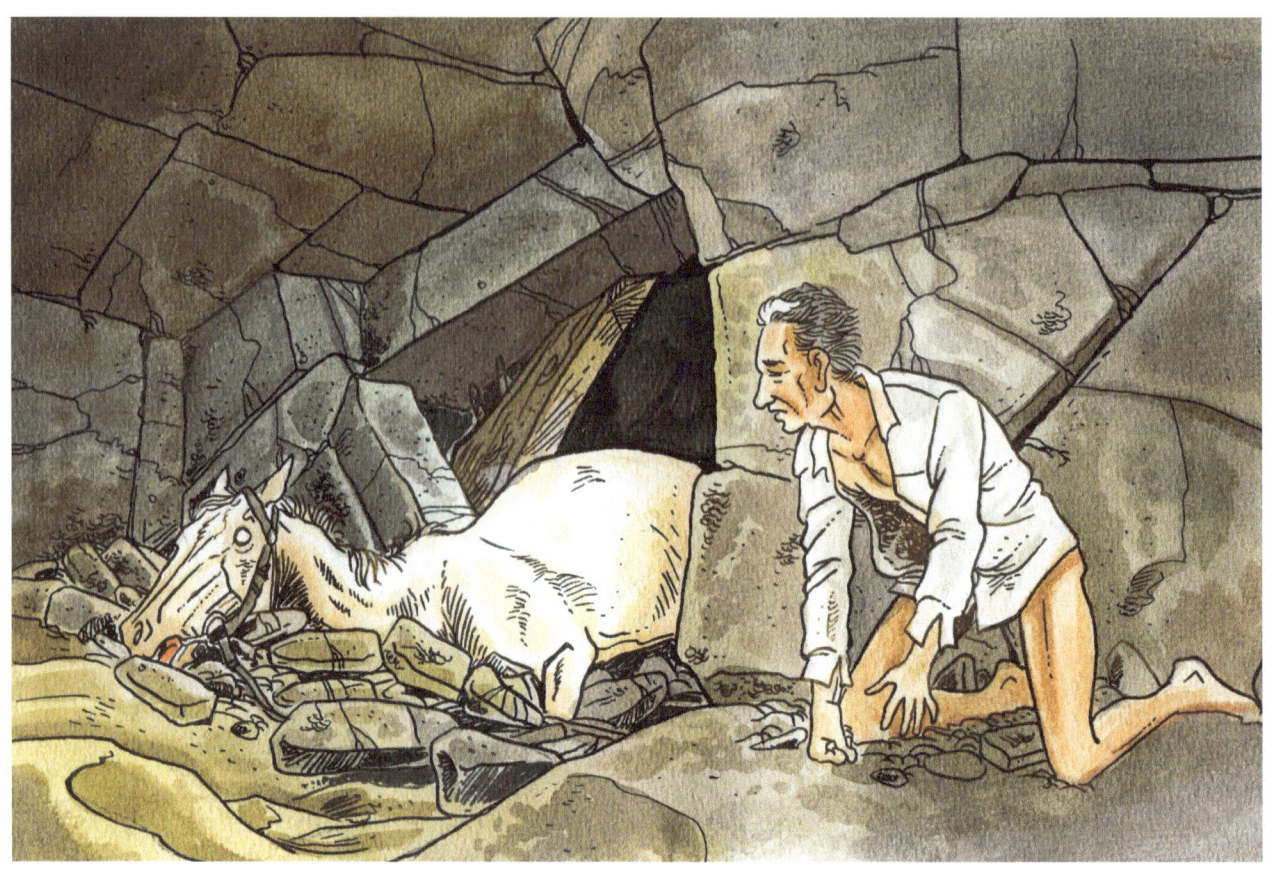

Ist Aldo Moro gefangen in einem dunklen Zwischenreich, eine ruhelose Seele, die keinen Frieden findet?

Nein. Denn sogleich er will, sobald er auch nur daran denkt, findet er sich in einem lichten Hain wieder und pflückt Feigen.

Was tief in ihm nicht zerstört wurde an Schönem, das erblüht in einem einzigen Herzschlag wieder und wird zur Unermesslichkeit.

Man möchte sich zu ihm gesellen.
Zusammen mit ihm Feigen und Oliven pflücken, das Meer sehen, die Sterne.

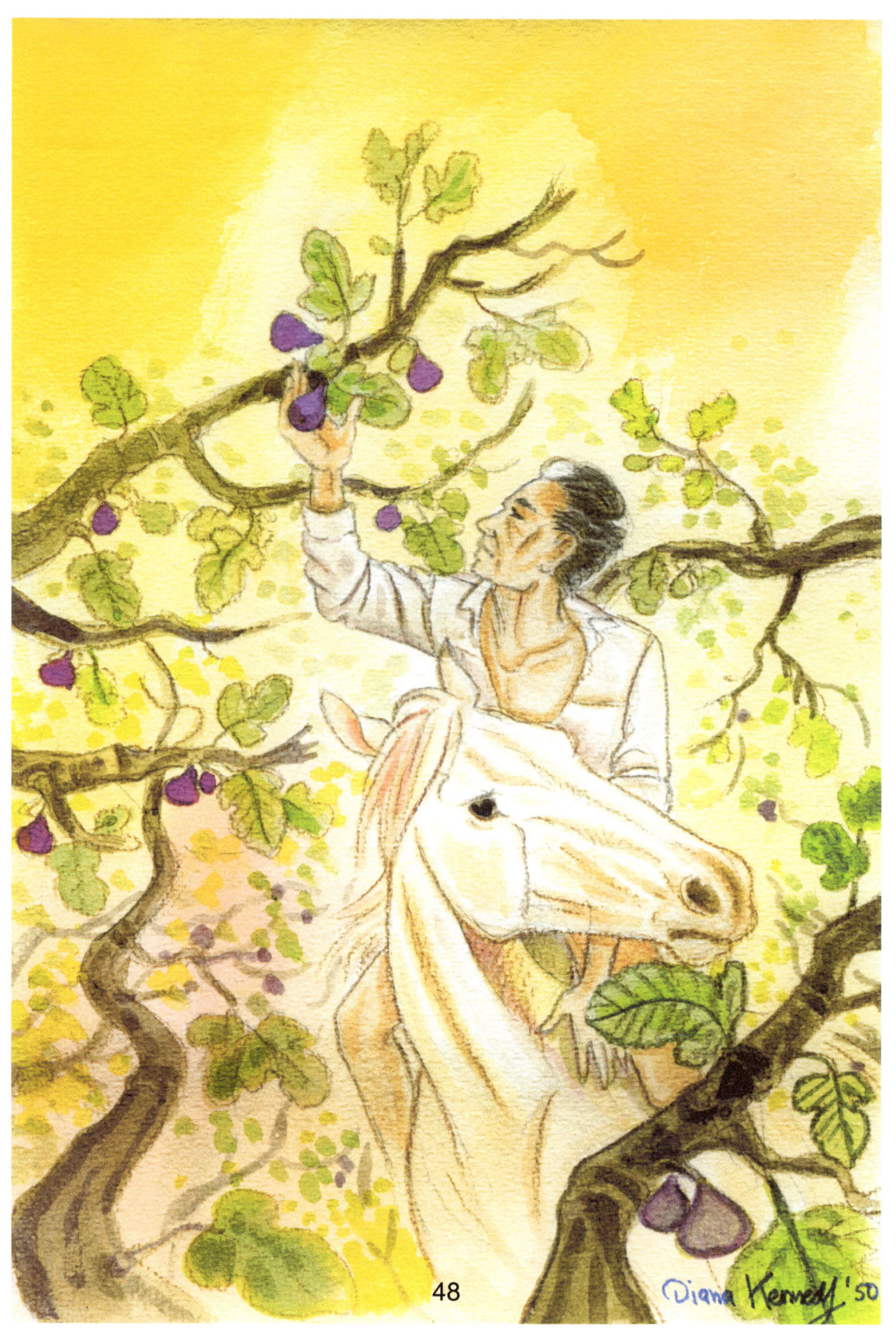

48

Diana Kennedy '50

Doch kaum streckt man die Hand durch die Zweige, findet man sich im dunklen Kellergewölbe wieder.

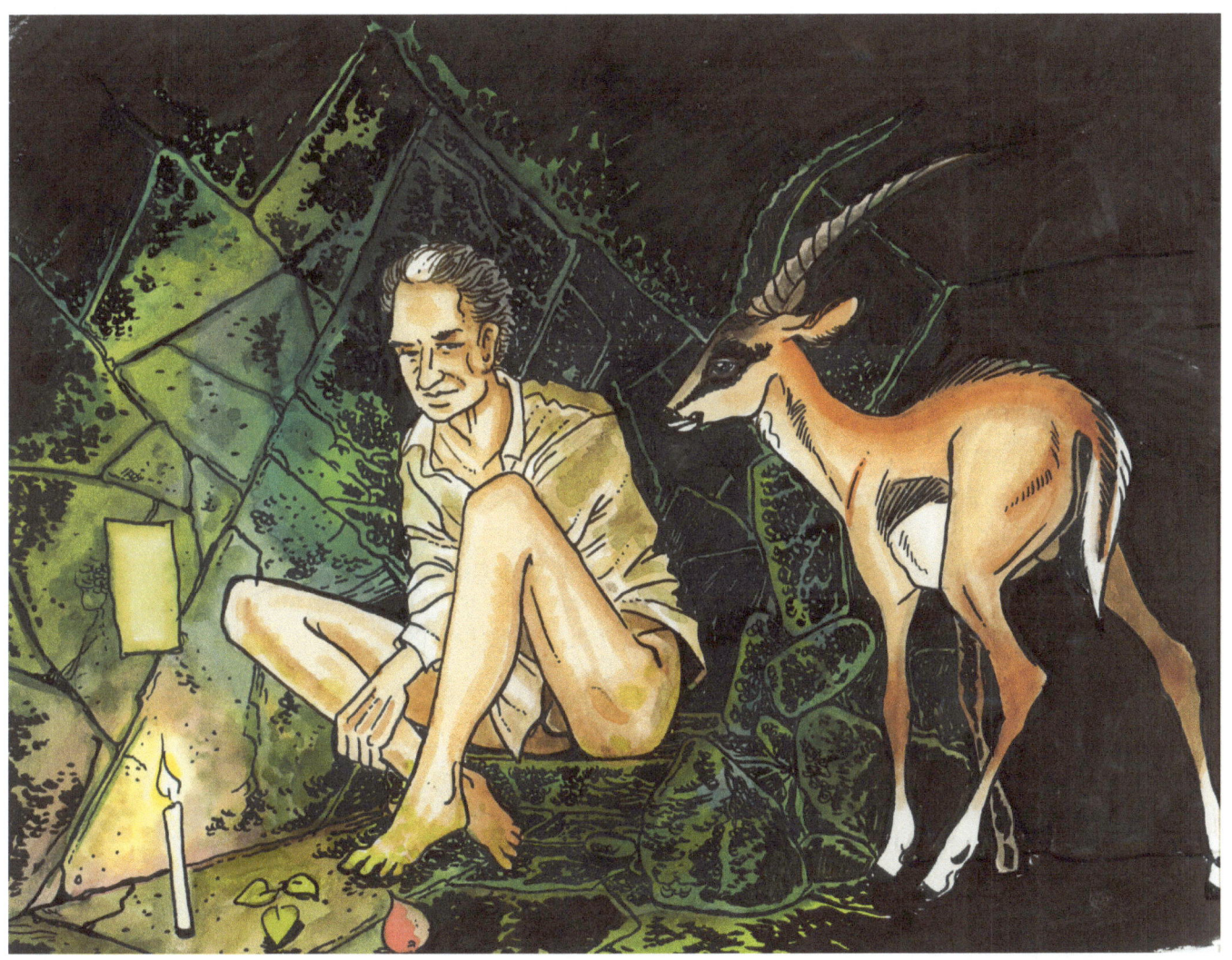

DAS ist es, was er zeigen will.
Nur wer bereit ist, mit ihm zusammen den Ausgang aus dem Kerker zu suchen, dem gewährt er auch Zugang zum Feigenhain.

War Aldo Moro verrückt? Vielleicht. Aber nur weil die Welt noch verrückter ist. Auf eine andere, kalte Art.

Der "Compromiso Storico"-Traum konnte nur ein Traum bleiben.

Das Ideal von der Allianz des Guten Willens ist alt und verlockend. Werte wie Geradlinigkeit, Aufrichtigkeit und Respekt finden sich individuell bei Vertretern fast aller Ideen, Religionen und Weltanschauungen.

Warum sollte es nicht möglich sein, auf diesen Werten als gemeinsames, verbindendes Element aufzubauen?

Wenn eine echte oder vermeintliche Bedrohung von aussen auftritt, erscheint es auf einmal leicht, eine gemeinsame Basis zu finden.

Eine Brücke wird gebaut.

Die Unterschiede treten in den Hintergrund und man rückt zusammen.
Wenn die Vertrautheit wächst, verstärkt sich auch der Wunsch, den anderen in die eigene Erlebniswelt einzubinden.
In beidseitiger Toleranz wird dies zunächst zugelassen. Man betrachtet die andere Seite sogar mit offeneren Augen als früher und beginnt, die fremde Sichtweise zumindest zu verstehen.

Doch sobald die erste wirkliche Belastungsprobe kommt, reißen die zarten Bande.

Die Brücke stürzt ein.

Aldo sitzt am Ende der eingestürzten Brücke.
Er kann sich nicht entschließen, ganz von ihr wegzugehen. Sie wieder aufzubauen kommt aber auch nicht in Frage. Was tun?
  Die nackten Füße baumeln in der klaren Luft des Erkennens.

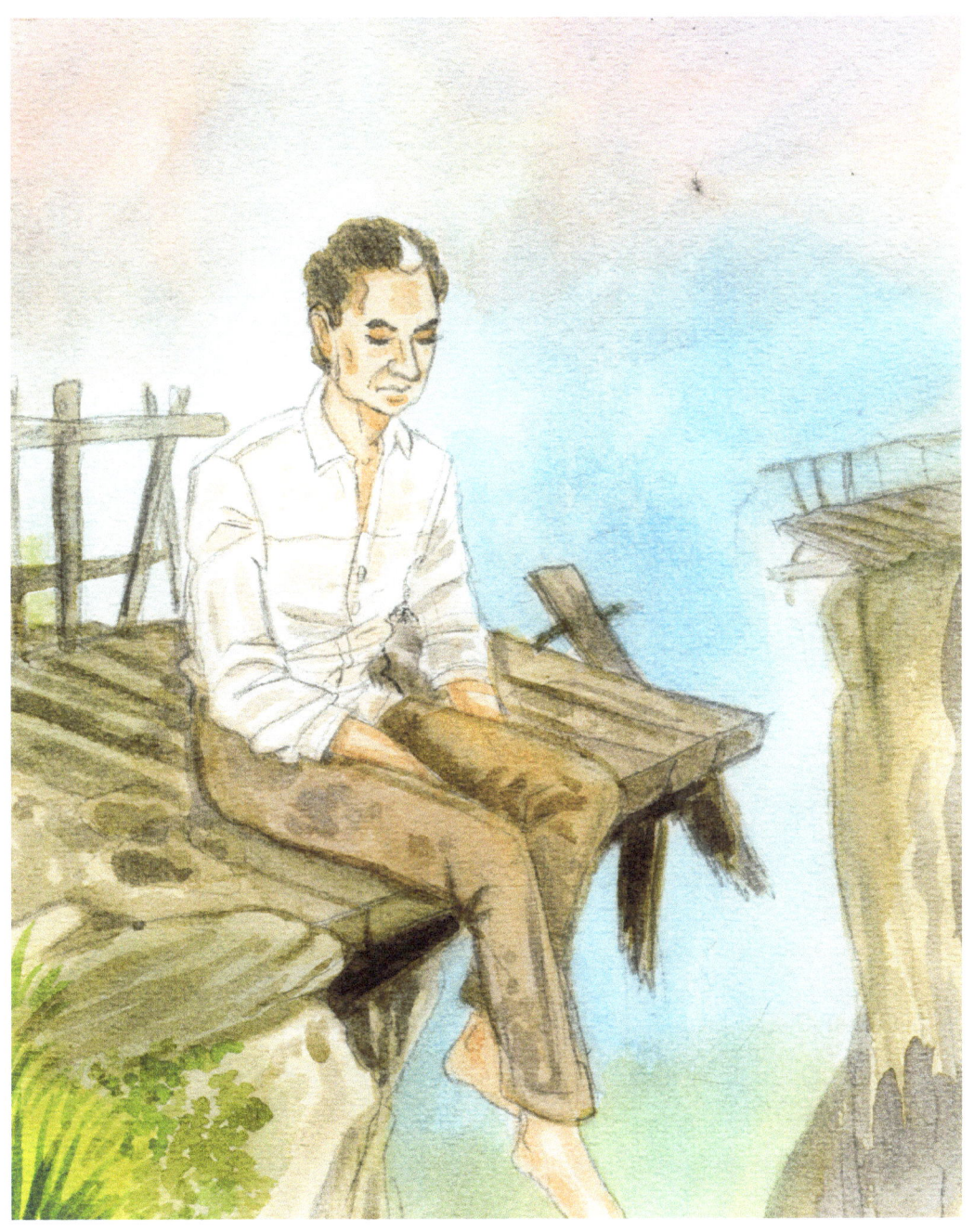

ALDO UND JOHN

Es war John F. Kennedy, der Aldo Moro zu mir brachte.

Ich hatte den Präsidenten um eine neue Inspiration gebeten. Unsere kreative Beziehung war jahrelang mit Feuer erfüllt gewesen. Aber irgendwann ist aus dem Feuer ein behäbiger Glutteppich geworden.
Eine heisse Glut, gewiss, aber es fehlten die Flammen. Ich hoffte auf einen neuen Funken. Etwas, das dem Rausch der ersten Jahre gleichkäme.

JFK beschloss, dass es an der Zeit ist, mir Aldo vorzustellen.

Kaum je wurde ein Wunsch so stark und kraftvoll erhört.

Ich danke dir, John F., dafür dass du mir Aldo anvertraust.

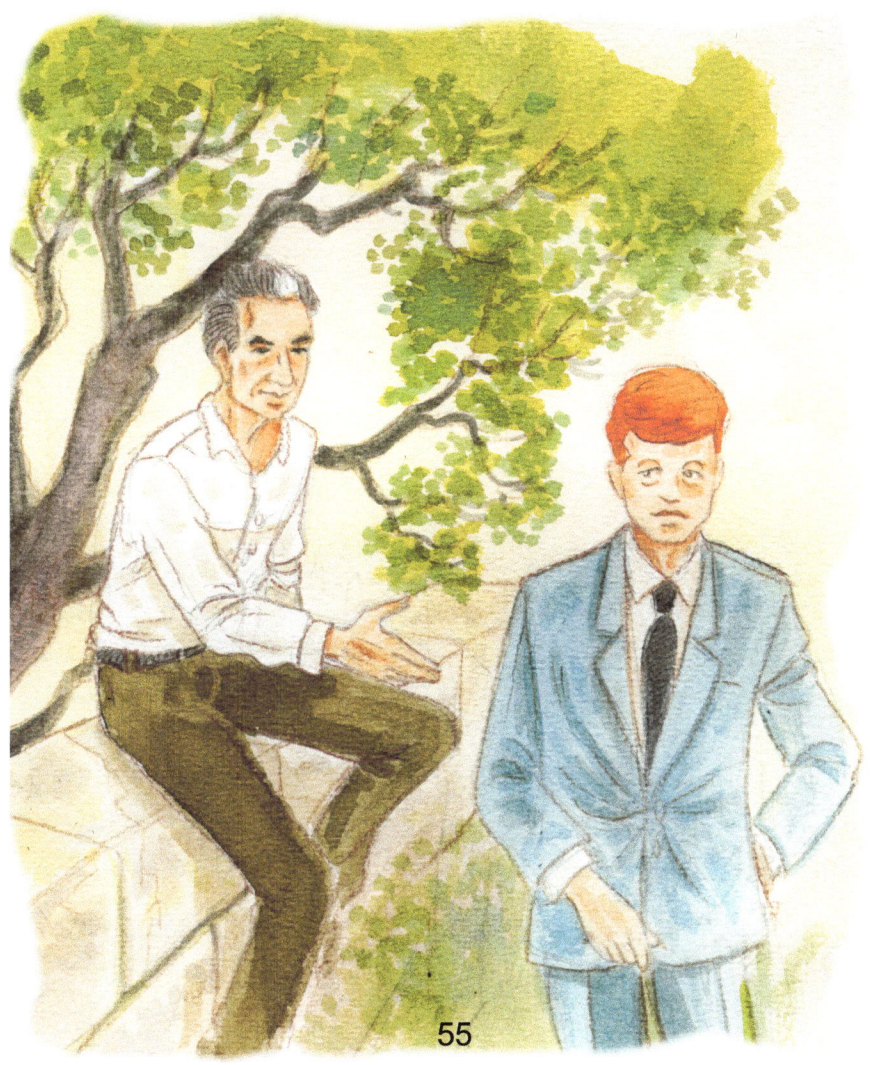

Mit dem Zusammentreffen von John und Aldo in der Sphäre meiner Kunst wurde eine Welt geboren, die mit der Realität gerade noch so viel gemein hat, als dass sowohl Kennedy als auch Moro gerne Western-Filme sahen und sicher von der Art Abenteuer, wie sie sie in der Serie "White House Tales" erleben, geträumt haben.

Im Band Band "Kennedys Vendetta" wird Aldo den Lesern der "White House Tales" vorgestellt. In dieser Geschichte wird die historische Reihenfolge der Lebensdaten umgekehrt: Aldo Moros Entführung findet vor JFK's Tod statt. (In der Realität wurde Präsident Kennedy 1963 ermordet, Aldo Moro, 1978).

John F. kann nicht akzeptieren, dass Aldos Mörder bereits nach wenigen Jahren Haft begnadigt wurde. Er spürt diesen daher mit der Absicht auf, Selbstjustiz zu üben. Natürlich wird er am Ende erkennen, dass Unrecht nicht mit erneutem Unrecht gut gemacht werden kann.

Aus « Kennedys Vendetta »

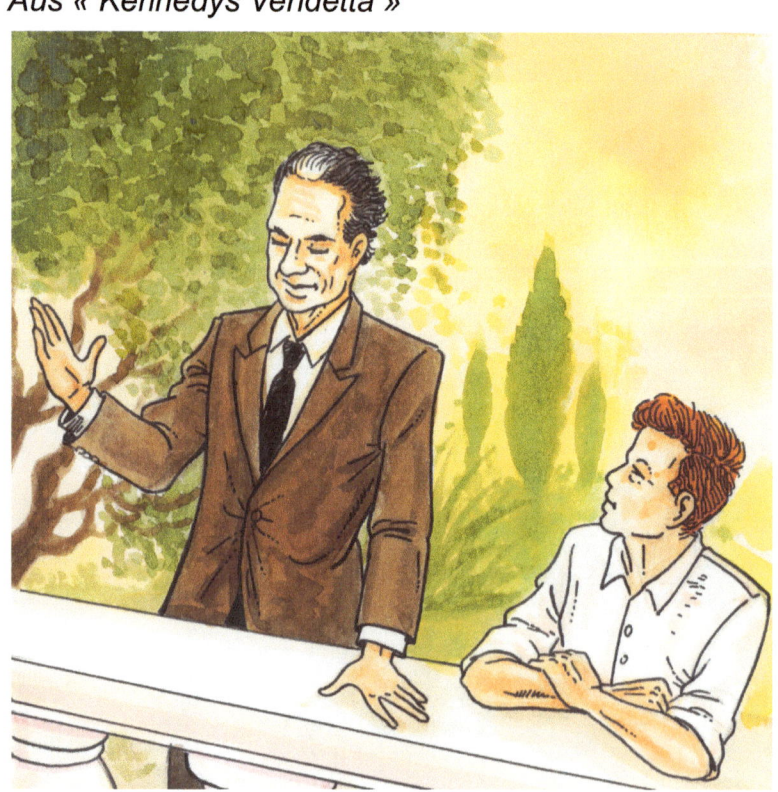

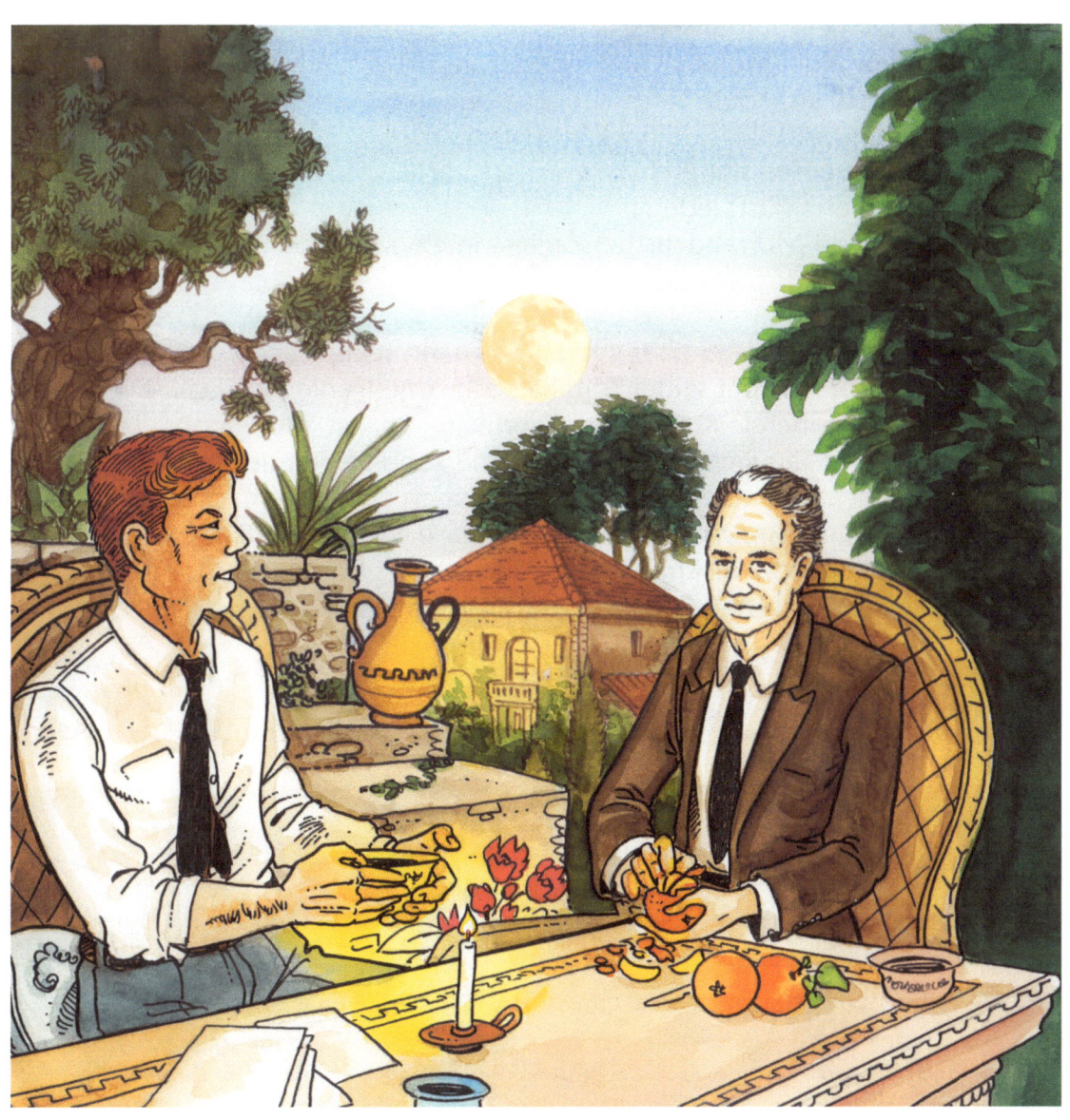

Aus « Kennedys Vendetta »

"Kennedys Vendetta" erzählt von der unbeschreiblichen Wucht des Schmerzes, von der Einsamkeit des Trauernden in einer Welt, die es wagt, sich trotz des Unrechts weiterzudrehen.

Als nach Fertigstellung von "Kennedys Vendetta" offenbar wurde, dass es noch so viel mehr mit und über Aldo Moro zu erzählen gibt, stand ich künstlerisch vor einer grossen Herausforderung: Wie soll es mit ihm im Rahmen von "White House Tales" weitergehen, wenn er dort schon tot ist?

Alternative Handlungsabläufe wären vorhanden gewesen. Das Genre der Uchronie bietet (fast) jede Freiheit:
John F. rettet Aldo Moro höchstpersönlich, in einem actiongeladenen Abenteuer.

Moro, nun zwar frei aber gewahr, dass ihn seine eigene politische Klasse fallen liess, reist mit seiner Familie nach Amerikanien ins Exil. Die außergewöhnlich liberale Kultur der "Amerikanenser" erlaubt eine Vielzahl von Bünden, Ehe- und Familienformen. Aldo und John hätten sich im Rahmen dieser komplexen Strukturen "vermählen" können und eine mächtige Allianz zwischen zwei einflussreichen Familenclans wäre entstanden. Eine Entwicklung, die weder in Amerikanien und schon gar nicht im Römischen Reich ausschließlich auf Wohlwollen gestoßen wäre.

Aldo schwankt zwischen persönlichem Glück und Heimweh.
Stoff für viele neue, vielschichtige Erzählungen!

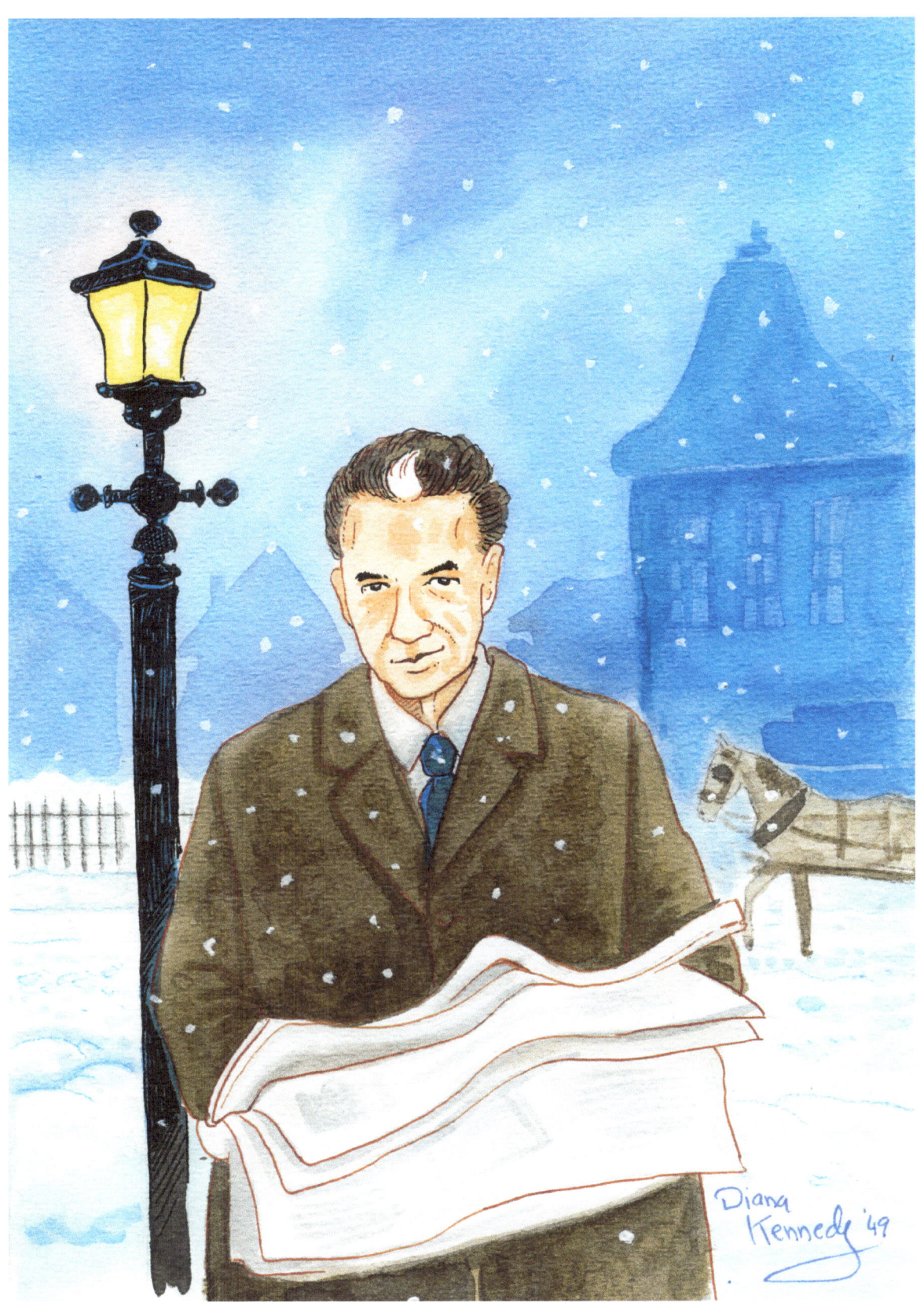

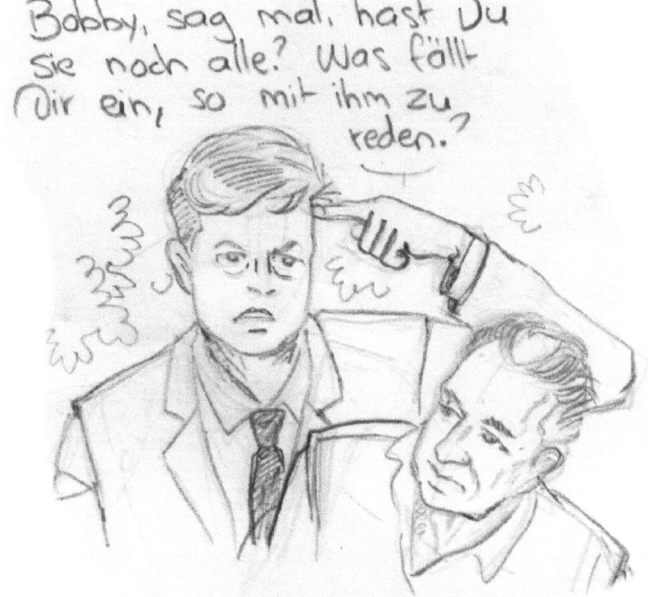

Bobby, sag mal, hast Du sie noch alle? Was fällt Dir ein, so mit ihm zu reden.?

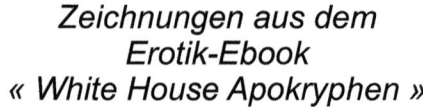

Aldo! Wie schön Dich zu ~ sehen... nach all der Zeit.

Salve, Francesco!

Jeden Müll, den sie der Presse stecken, werde ich sofort dementieren! Stattdessen werde ICH denen erzählen, dass sie eim. mieser Spanner sind, der sich in präsidialen Heckem einen runteholt!

EEK!

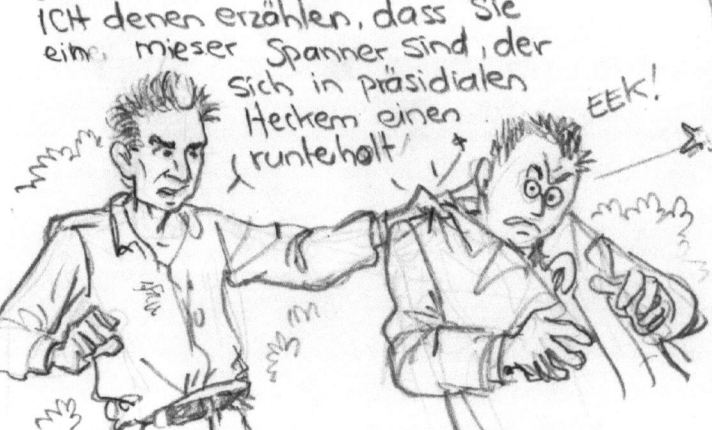

...Auch Aldo hat einen starken Beschützer-Instinkt, so ist das ja nicht.

60

Was "Kennedys Vendetta" etwa ein Fehler?

Nein. Denn ein geretteter Aldo ist nicht der Aldo, den ich erlebe. Jener trägt als ein Hauptmerkmal seines Wesens das Gezeichnet-Sein durch die Tragödie. Nicht nur durch Entführung und Gefangenschaft, sondern auch durch das Trauma der Ermordung. Aldo Moro spricht aus der Perspektive eines Toten, und das stellt mich als umsetzende Künstlerin vor die Herausforderung, dem Leser diese Perspektive irgendwie zu vermitteln.

Im Nachfolgenband von "Kennedys Vendetta", also der "Ballade von John und Aldo" ist Aldo ein Geist. Er trifft John, aber nicht als Spuk, der im Reich der Lebenden "erscheint", so wie das üblicherweise in solchen Geschichten der Fall ist. Vielmehr ist es JFK, der in Aldos Welt eintaucht. Gemeinsam besuchen sie eine weitere Ebene, welche beiden fremd ist. Diese wird zur Bühne ihres gemeinsamen Abenteuers.
Ein Abenteuer, das neben allen klassischen Eigenschaften eines "Westerns" auch die philosophische Frage nach der Vorbestimmung und des Unabänderlichkeit des Schicksals aufgreift.

Für zukünftige Geschichten gilt es, einen für den Leser nachvollziehbaren Handlungsrahmen zu finden, in dem Aldo neben John agieren kann und dennoch der sein kann, der er ist: ein gezeichneter Toter.

Jenseits der realen, geschichtlichen Zeitlinie, aber auch jenseits der einmal gewählten literarischen Zeitline in "White House Tales" existieren Inspirationen für weitere Alternativen, Geschichten und Bilder. Ich nenne sie "Apokryphen". Sie passen in kein vorgegebenes Schema und existieren ausserhalb jeder Regel.

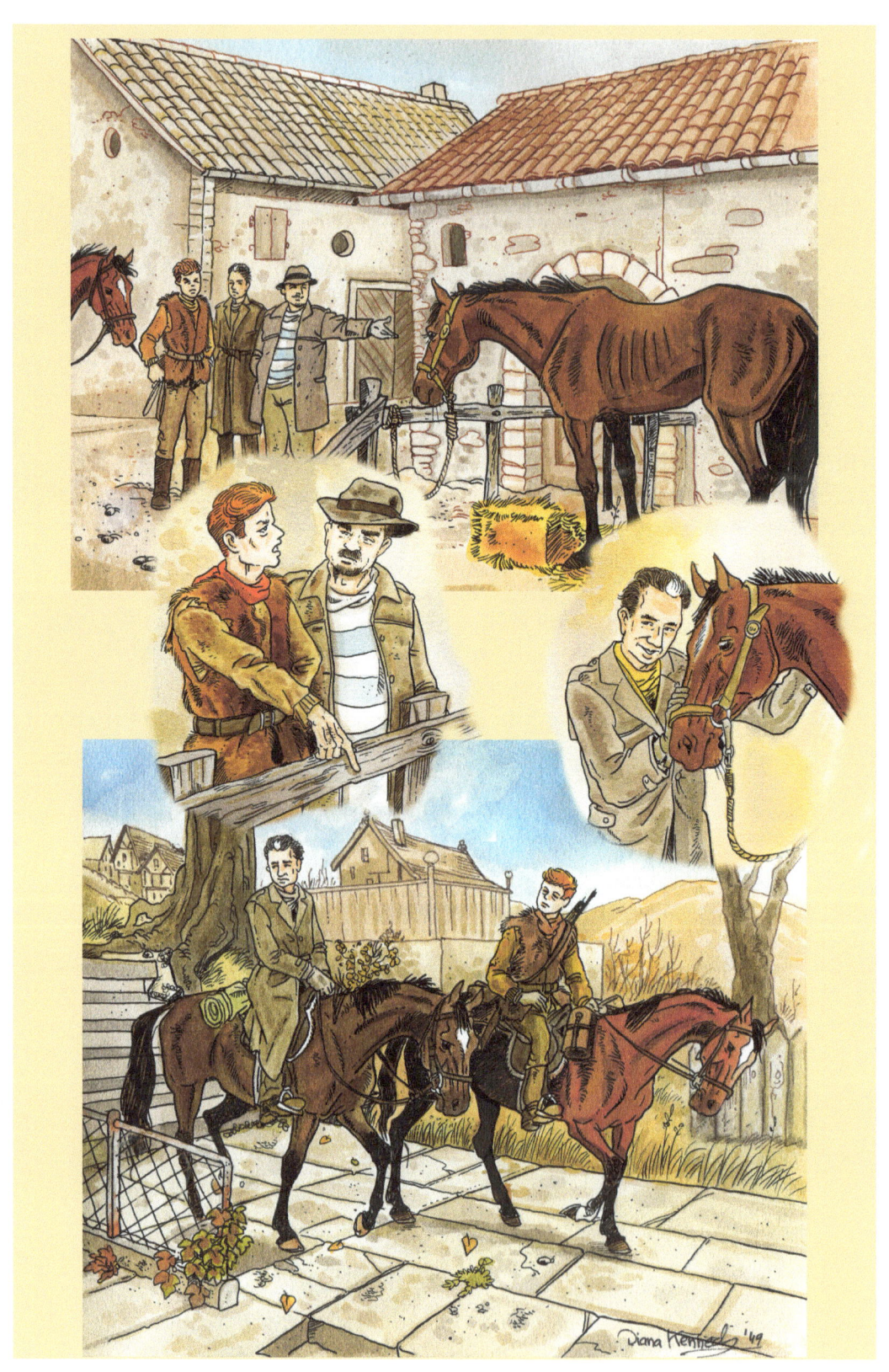

Farbtafel aus « Die Ballade von John und Aldo »

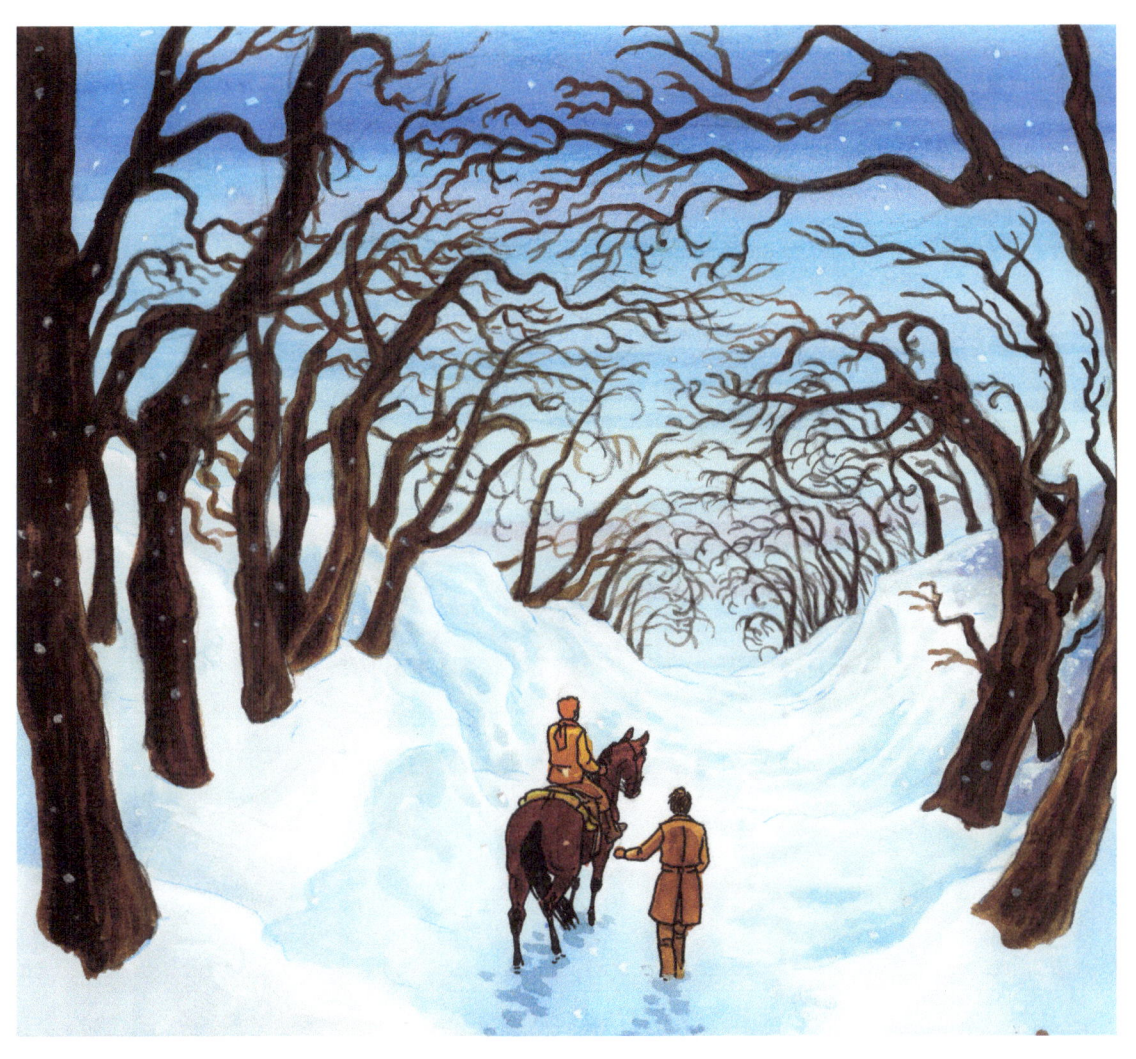

Aus « Die Ballade von John und Aldo »

John und Aldo ergänzen sich nahezu perfekt.

Trotz ihrer starken Unterschiedlichkeit haben sie auch sehr viel gemeinsam. Zusammen bilden sie eine kreative Kraft, der eine Fülle von Erzählungen innewohnt. Eine Kraft, die der überlieferten Zeitgeschichte von Ruhm und Tragödie ganz neue Aspekte hinzufügt.

Die Loslösung von den Fesseln der linearen Zeit ermöglicht Einblicke in alternative Wahrnehmungen.

Türen werden aufgetan, von denen man zuvor noch nicht einmal wusste, dass sie existieren.

John Kennedy ist fasziniert von unbekannten Türen.
Aldo Moro will sie öffnen.

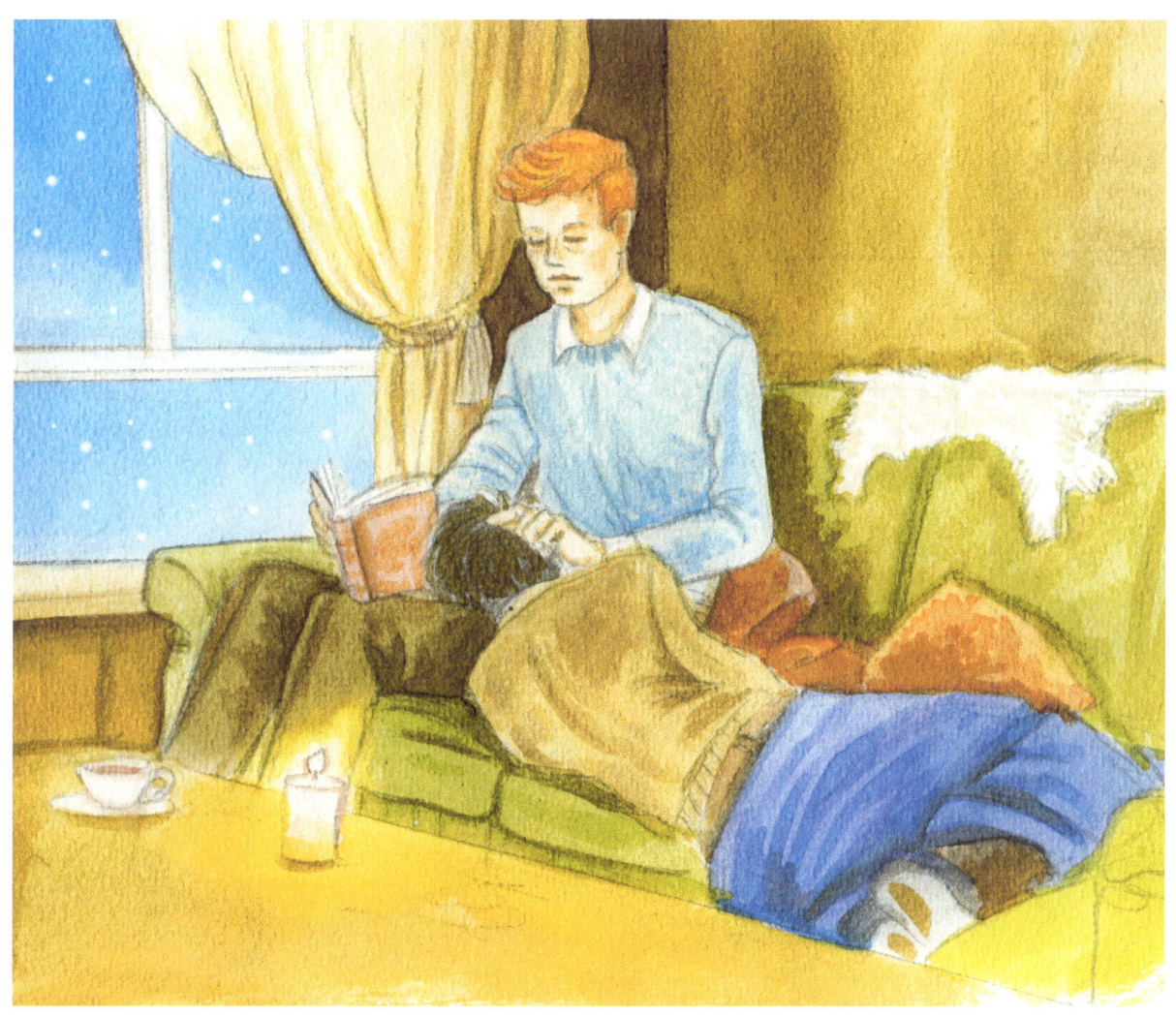

Keine Angst, keine Erwartung.
Kein Werten, kein Planen.

Nur noch Frieden.

Besuchen Sie regelmässig die Seite der White House Tales um über neue Werke und Geschichten mit Aldo Moro und John F. Kennedy informiert zu sein.

www.john-f-kennedy.eu

https://www.facebook.com/pages/Ballade-von-John-und-Aldo/595592790476239

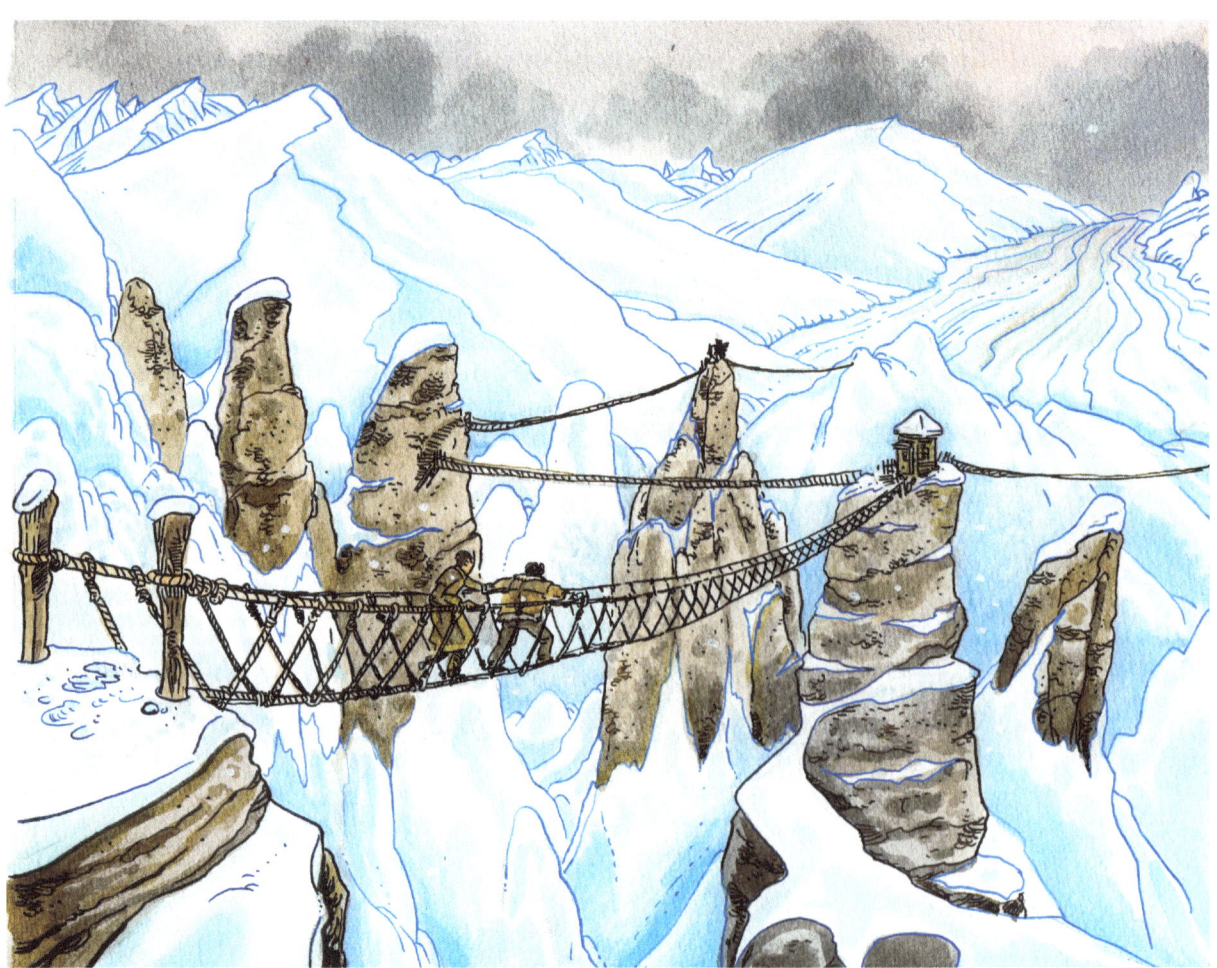

www.ingramcontent.com/pod-product-compliance
Lightning Source LLC
Chambersburg PA
CBHW050745180526
45159CB00003B/1354